中国人의 生活 이야기로 읽어보는

중국어
REAL 독해 ②

독해집

시사중국어사

편역자 진윤영

· 現) 연성대학교 외래교수
· 現) 한국외국어대학교 대학원 박사과정
· 現) 시원스쿨 중국어 대표강사
· 前) 국립외교원, 정부종합청사, 한국 전문대학교 협회 중국어 강의

저서   〈표준중국어 5급 상·하(편역)〉, 〈시원스쿨 新HSK 4급 실전모의고사〉, 〈나의 첫 중국어 단어장〉, 〈상상중국어 1, 2〉,
〈버전업 新HSK 한 권이면 끝 3급〉, 〈정반합 新HSK 1, 2, 3급〉, 〈한 권으로 끝나는 TSC 첫걸음 4급 공략〉,
〈한 권으로 끝나는 TSC 첫걸음 실전테스트〉, 〈초단기 BCT SPEAKING 공략〉, 〈초단기 BCT SPEAKING 실전테스트〉

동영상강의   멀티캠퍼스, 시원스쿨, 다락원, YBME4U어학원, 문정아중국어, 동양북스 等 37편

중국어
REAL 독해 ❷ 독해집 + 해설집

초판인쇄	2019년 8월 20일
초판발행	2019년 9월 1일
편저	孔子学院总部 / 国家汉办
편역	진윤영
책임 편집	최미진, 가석빈, 高霞, 박소영, 하다능
펴낸이	엄태상
디자인	공소라
조판	이서영
콘텐츠 제작	김선웅, 최재웅
마케팅	이승욱, 오원택, 전한나, 왕성석
온라인 마케팅	김마선, 김제이
경영기획	마정인, 조성근, 김예원, 김다미, 전태준, 오희연
물류	유종선, 정종진, 최진희, 윤덕현, 신승진
펴낸곳	시사중국어사(시사북스)
주소	서울시 종로구 자하문로 300 시사빌딩
주문 및 교재문의	1588-1582
팩스	(02)3671-0500
홈페이지	http://www.sisabooks.com
이메일	book_chinese@sisadream.com
등록일자	1988년 2월 13일
등록번호	제1 - 657호

ISBN 979-11-5720-112-9 (14720)
979-11-5720-110-5 (Set)

원서 서문

　　해외 중국어 학습자들의 중국어 독해자료에 대한 수요를 만족시키고 중외문화의 교류와 이해를 촉진시키고자 孔子学院总部와 国家汉办이 2015년부터 계획하여 ≪中国人的生活故事≫를 출판하였습니다. ≪中国人的生活故事≫는 각계각층에 있는 평범한 중국인들의 실제 생활을 통해 세계 각국에 있는 중국어 학습자들이 평범하고 진실된 현대 중국인들의 생활을 이해하고, 유구한 역사와 발맞추어 나가는 중국의 전통문화를 소개하려는 데 그 의의가 있습니다.

　　본 시리즈는 다음과 같은 주요한 특징이 있습니다.

1. 채택한 내용이 진실하고 언어가 사실적입니다. 다양한 민족과 지역, 직업 등 각기 다른 인물에 대해 이야기하여 다양한 독자층의 독해 요구를 만족시키려 하였습니다.

2. 모든 문장 및 어휘들이 HSK 등급에 대응됩니다. 중국어 수준이 각기 다른 독자들을 위해 채택한 단어와 문장의 길이, 문화에 관한 내용 등에 따라 HSK 4급에서 6급까지 골고루 나누었습니다. 문장 속의 단어 또한 〈HSK 考试大纲〉의 '어휘 대강'에 의거하여 HSK 5~6급 단어 위주로 사용하였으며, 중점적인 단어에는 주석을 달았습니다.

3. 중국 전통의 문화와 현대 중국의 면모를 골고루 다루었습니다. 내용 중 문화 특색이 담긴 단어와 인터넷 유행어 등에 대해서는 설명을 병기하였습니다. 모든 문장마다 '심화 독해' 코너를 구성하여 독자들에게 한층 심화된 문화 요소와 현상에 대해 소개하였습니다.

4. 생생한 사진을 함께 실어 가독성을 높였습니다. 본문 및 문화 링크, 심화 독해 코너에 내용과 상응하는 사진을 함께 놓아 독자들이 이미지화하여 문장을 이해할 수 있도록 하였습니다.

5. 독해의 재미와 상호작용에 중점을 두었습니다. 모든 본문에 '문화 링크' 코너를 두어 독자가 QR코드 스캔을 통해 주제와 관련된 사진이나 음악, 영상, 웹페이지 등 풍부한 온라인 자료를 활용할 수 있도록 하였습니다.

　　본 ≪中国人的生活故事≫ 시리즈는 교수자에게는 수업 자료로, 또는 학습자에게는 훌륭한 독해 교재로 사용하기 적합하도록 기획되었습니다. 본 시리즈는 현대 중국을 여는 창이 되어, 국내외의 중국어 학습자가 중국의 경제, 사회, 민속, 지리에 대해 더욱 깊이 이해하여 실용적인 중국어를 학습할 수 있는 역할을 할 수 있기를 희망합니다.

外语教学与研究出版社
2016년 9월

　‘중국어 공부의 비법’이라고 하면, 늘 언급되는 방법이 바로 “多看、多听、多读、多写(많이 보고, 많이 듣고, 많이 읽고, 많이 써라)”입니다. 너무 추상적이고 뻔한 방법인 것 같지만, 중국어는 성조 때문에 많이 들어야 하고, 유구한 역사가 담긴 말은 자꾸 봐야만 자신의 것을 만들 수 있습니다. 결국 중국어 실력을 높이려면 많이 듣고 많이 봐야 합니다.

　본 교재는 “多看、多读”에 초점을 맞춰 집필되었습니다. 본 교재를 통해 중국의 문화, 역사, 사회의 전반적인 모습을 살펴 볼 수 있고, 사회의 변화에 맞춰 생겨난 신조어뿐만 아니라, 중국 사람들의 사상까지 이해할 수 있을 것입니다.

　또한 항상 어렵다고 이야기하는 문법, 분명 해석하면 같은 뜻인데 상황에 따라 달리 써야 하는 헷갈리는 유의어도 한 번에 정리할 수 있게끔 준비해 두었고, 관련 문화도 뻔한 내용이 아닌 시대 변화에 맞추어 정리했습니다.

　본 교재를 통해, “多看、多读”를 두루 연습하여 여러분의 중국어 실력이 향상되기를, 중국어 공부에 흥미가 생기길 바랍니다.

2019년 9월
편역자 진윤영

차 례

이 책의 특징

본 교재는 新HSK 4~5급 또는 6급 수준의 독해 실력을 갖추었거나 갖추려고 하는 학습자가 재미있게 학습할 수 있는 독해 교재입니다. 본 교재는 독해집과 해설집으로 나뉘어 구성되어 있습니다. 그 중 독해집은 중국에서 직접 신문과 잡지를 읽는 듯 현대 중국인의 생생한 실제 이야기로 꾸며진 독해 지문과 내용 이해를 돕는 사진, 단어만으로 구성되었습니다. 또한, 해설집은 독해집 지문의 한국어 해석과 지문에 등장했던 주요 문법 및 유의어에 관련된 자세하고도 핵심적인 설명으로 구성되어 있으며, 주제에 맞는 중국문화에 대한 팁까지 추가 구성하였습니다. 이처럼 독해집과 해설집의 별도 구성으로 학습 효과를 배가시킨 본 교재는 독학용으로도 공부하기 좋고 또 교재로도 안성맞춤인 독해 교재가 될 것입니다.

본 교재는 중국 外研社(外语教学与研究出版社)에서 출판한 ≪中国人的生活故事(第二辑)≫ 시리즈를 한국 실정에 맞게 각색하였습니다. 이 원서는 중국 孔子学院总部 및 国家汉办, 腾讯网이 外研社와 합작하여 만들어 HSK 급수에 맞춘 본문 난이도와 생생한 사진이 특징입니다.

독해집

• *Real* READING & READING *Plus⁺*

독해에 집중할 수 있도록 독해 지문과 단어 설명만 실은 독해집! 마치 원서를 읽는 것 같은 느낌으로 주인공의 실제 생활을 엿볼 수 있는 생생한 사진과 친절한 단어 설명으로 마음 놓고 독해에 빠져보세요!
독해를 다 했으면 원어민 성우의 목소리로 본문을 한번 들어보세요! 올바르게 독해를 했는지, 문장 구성 및 어휘에 대해 궁금한 것이 있으면 해설집에서 확인할 수 있습니다!

해설집

• *Real* READING & READING *Plus*⁺ 풀이

독해집에서 독해한 내용이 맞는지 풀이를 통해 확인할 수 있습니다. 해석을 한 번 읽고 다시 독해를 해보는 것도 도움이 됩니다. 내용 이해에 도움이 될 수 있는 생생 팁도 가득합니다.

• 주요 문법 *Real* 풀이

독해문에 등장했던 주요 문법만 뽑아서 학습해 봅니다. 독해는 문장 분석이 매우 중요하므로, 주요 문법이 적용된 문장 분석 코너를 통해 독해 능력을 한층 높일 수 있습니다.

• 유의어 *Real* 풀이

독해 실력은 어휘량이 관건! 독해 수준을 좀 더 올리려면 특히 유의어의 쓰임에 주목해야 합니다. 독해문에서 나왔던 단어 중 한국인이 자주 헷갈리는 단어만 뽑아 확실한 풀이를 실어놓았습니다. HSK 급수 향상에도 도움이 되니, 믿고 따라오세요!

• 중국문화 생생링크 & 중국문화 관찰하기

QR코드를 찍으면 생생 중국문화와 연결됩니다. 생생링크로 직접 확인하고 중국문화 관찰하기에서 심화 내용을 이해해 보세요. 중국에 한걸음 더 가까워질 수 있습니다!

수업계획표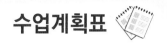

수업차시	내용
1주차	독해 수업 들어가기
2주차	**UNIT 01** 汨罗江畔造舟人 미뤄 강가의 용선을 만드는 사람
HSK 5급	**주요 문법** 보어 好 ㅣ 既…又… ~하면서 ~하다 ㅣ 了 ~해졌다 ㅣ **방향보어 出**
	유의어 创造 VS 制造 ㅣ 基本 VS 基础 ㅣ 精细 VS 精致 VS 精密 ㅣ 具有 VS 拥有
3주차	**UNIT 02** 无声跨国恋 국경을 초월한 소리 없는 사랑
HSK 5급	**주요 문법** 曾经 일찍이, 이전에 ㅣ **형용사 중첩** ㅣ 陆续 끊임없이, 잇달아 ㅣ **无论** ~에 상관없이, 막론하고
	유의어 举行 VS 举办 ㅣ 向 VS 朝 VS 往 ㅣ 互相 VS 相互 ㅣ 常常 VS 通常
4주차	**UNIT 03** 外婆的千层底 외할머니의 헝겊신 밑창
HSK 5급	**주요 문법** 尽管…但… 비록 ~하지만 그러나 ~하다 ㅣ 舍不得 아쉽다, 미련이 남다 ㅣ **접속사 因此** ㅣ 一…就(便)… ~하자마자 바로 ~하다
	유의어 尽管 VS 虽然 ㅣ 朴实 VS 朴素 ㅣ 风格 VS 作风 ㅣ 受 VS 收
5주차	**UNIT 04** 艾比班的双面生活 하비베 씨의 더블라이프
HSK 5급	**주요 문법** 于是 그리하여, 그래서 ㅣ 按照 ~에 따라 ㅣ **보어 起来** ㅣ **가능보어**
	유의어 方法 VS 办法 ㅣ 却 VS 但 ㅣ 包括 VS 包含 ㅣ 价值 VS 价格
6주차	**UNIT 05** 专车司机的梦想 택시 운전기사의 꿈
HSK 6급	**주요 문법** 不再 더 이상 ~하지 않다 ㅣ 突然 갑자기 ㅣ 好在 다행히도 ㅣ 상황의 지속 **동사+了+수량/시량+了**
	유의어 成立 VS 建立 ㅣ 对…来说 VS 拿…来说 ㅣ 保持 VS 维持 ㅣ 改革 VS 改造
7주차	**UNIT 06** 工地走出的篆刻家 공사장에서 나온 전각가
HSK 6급	**주요 문법** 보어 掉 ㅣ 跟着 ~를 따라서 ㅣ 当……时 ~할 때 ㅣ **상태형용사**
	유의어 始终 VS 一直 ㅣ 普通 VS 一般 ㅣ 节省 VS 节约 ㅣ 时光 VS 时期
8주차	중간고사

UNIT
01

汨罗江畔造舟人

　　赛龙舟是端午节的传统习俗。在湖南省汨罗市的
一个工厂里，工人们正在赶制全国各地定做的龙舟，
眼下是他们一年中最忙的时候。

Real READING

汨罗江畔造舟人

　　在湖南汨罗市的一家龙舟厂里，工人们正在赶制全国各地定做的龙舟，眼下是他们一年中最忙碌的时候。

　　工人们将几艘已经制作好❶的龙舟从车间抬出，它们不久就将被装车运往各地。

汨罗 Mìluó 몡 미뤄시, 멱라시 [후난성(湖南省)의 도시명] ┃ 江畔 jiāngpàn 몡 강변, 강가 ┃ 造舟 zào zhōu 배를 주조하다 ┃ 赛龙舟 sài lóngzhōu 몡 용선 경주 [용머리 모양으로 장식한 배를 타고 경주하는 중국 민간의 전통놀이로, 주로 단오절을 전후하여 거행함] ┃ 端午节 Duānwǔ Jié 몡 단오 ┃ 习俗 xísú 몡 습관과 풍속, 습속 ┃ 赶制 gǎnzhì 동 서둘러서 작성하다, 급히 만들다 ┃ 定做 dìngzuò 동 주문하여 만들다, 맞추다 ┃ 眼下 yǎnxià 몡 현재 ┃ 湖南省 Húnán shěng 몡 후난성, 호남성 ┃ 龙舟 lóngzhōu 몡 용선 [단오절에 용머리를 뱃머리에 장식하고 경주하는 배] ┃ 忙碌 mánglù 형 바쁘다 ┃ 艘 sōu 양 척 [배를 세는 데 쓰는 단위] ┃ 车间 chējiān 몡 작업장, 작업 현장 ┃ 抬出 táichū 동 들어올리다 ┃ 装车 zhuāngchē 몡 차에 싣다 ┃ 运往 yùnwǎng 운송되다, 운반하다

56岁的许桂生出生于一个"龙舟世家"，是九子龙屈原龙舟厂的厂长。他的父亲也是龙舟师傅，许桂生从小就给父亲打下手。1978年，他开始学习制造❶龙舟，两年后，天资聪颖的他就成了龙舟师傅。

在龙舟生产车间里，一名工人正在进行半成品加工。"每年临近端午节都是最忙的时候，我们请了很多工人，日夜赶工，基本❷上两天就可以造一艘出来。"许桂生说。

龙舟的制造过程包括选材、木材加工、半成品加工、组装、精细❸加工、上油漆、出厂等。工人们将半成品组装成船，要几个人合作进行。

许桂生制造❶的龙舟，既继承了传统优势，又❷进行了大胆创新。他率先引进新技术，生产的龙舟具有❹弧度小、重量轻、阻力小等特点，被中国龙舟协会认定为精品，成为各地龙舟赛专用龙舟。

世家 shìjiā 명 집안, 세가 | 屈原 Qū Yuán 명 굴원 [기원전 약 340-278, 중국 전국(战国)시대 초(楚)나라 시인] | 厂长 chǎngzhǎng 명 공장장 | 打下手 dǎxiàshǒu 조수를 하다 | 天资 tiānzī 타고난 자질 | 聪颖 cōngyǐng 형 총명하다, 영리하다 | 师傅 shīfu 명 그 일에 숙달한 사람, 숙련공 | 半成品 bànchéngpǐn 명 반제품 | 临近 línjìn 동 다가오다, 근접하다 | 赶工 gǎngōng 동 일을 서두르다, 일을 다그치다 | 选材 xuǎncái 동 적당한 재료나 소재를 선택하다 | 木材 mùcái 명 목재 | 组装 zǔzhuāng 동 조립하다 | 精细 jīngxì 형 세밀하다, 정교하다 | 油漆 yóuqī 명 동 페인트(칠하다) | 出厂 chūchǎng 동 상품이 공장에서 (운반되어) 나오다, 상품이 출하되다 | 继承 jìchéng 동 계승하다, 이어받다 | 优势 yōushì 명 우세, 장점 | 大胆 dàdǎn 형 대담하다 | 创新 chuàngxīn 명 창의성, 창조성 | 率先 shuàixiān 동 앞장서다, 솔선하다 부 제일 먼저 | 引进 yǐnjìn 동 끌어들이다, 도입하다 | 弧度 húdù 명 라디안 [각도의 단위] | 阻力 zǔlì 명 저항력 | 精品 jīngpǐn 명 명품, 최고급품 | 龙舟赛 lóngzhōusài 용선 경기

龙舟生产车间仓库里放着许多玻璃钢的龙头、龙尾半成品。传统的龙头都是用樟木雕的，重量很大，如今用玻璃钢材质轻便了很多，而且造型灵活。

根据龙舟的长短，每艘龙舟的桨手通常在22名左右。

"造龙舟是手工活儿，比较辛苦，整个制造❶过程也很复杂，所以儿子一开始并不愿意学。"许桂生说。经过全家人做工作，大学毕业的儿子许名南现在开始对这门手艺感兴趣了❸。许桂生希望子孙后代都能延续龙舟技

玻璃钢 bōligāng 몡 경질 유리 | 樟木 zhāngmù 몡 장목, 녹나무 목재 | 雕 diāo 동 새기다, 조각하다 | 材质 cáizhì 몡 재질, 재료 | 轻便 qīngbiàn 혱 간편하다, 편리하다 | 造型 zàoxíng 몡 조형 | 灵活 línghuó 혱 민첩하다, 영민하다 | 桨手 jiǎngshǒu 노 젓는 사람 | 做工作 zuògōngzuò 동 설득하다, 설명하다 | 门 mén 양 예술을 세는 양사 | 子孙 zǐsūn 몡 자손 | 延续 yánxù 동 계속하다, 지속하다 | 传承 chuánchéng 동 전승하다

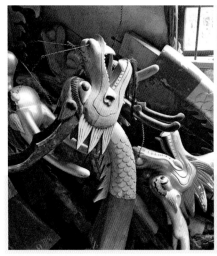

艺，传承龙舟文化。

工人们将几艘已经制作好的龙舟从车间抬出，这些龙舟不久就将被装车运往各地。

目前，汨罗江两岸分布着十余家龙舟厂。这里每年有数百只龙舟诞生。许桂生的龙舟生产销量是其他厂的总量之和。他们为龙舟技艺传承做出[4]了自己的贡献。

（本文选编自 http://news.qq.com/original/oneday/1997.html，作者：郭立亮 ）

分布 fēnbù 动 분포하다 | **诞生** dànshēng 동 탄생하다, 태어나다 | **销量** xiāoliàng 명 판매량 | **总量** zǒngliàng 명
총량 | **贡献** gòngxiàn 명 공헌

五月初五端午节

　　中国的端午节在每年的农历五月初五，是中国最重要的传统节日之一。赛龙舟和吃粽子是端午节最普遍的习俗。据说，这些活动是为了纪念中国古代的爱国诗人屈原（约公元前340年～约公元前278年）。

　　屈原生活的国家叫楚国，他是楚国很有才能的大臣，可是他的政治主张却遭到了奸臣的反对，还被赶出了国都。后来，他听到楚国被打败的消息后，感到自己已经没有能力拯救祖国，悲痛绝望之下就跳进汨罗江自杀了。当地老百姓知道后都划船赶来救他，但始终没有找到他。为了不让河里的鱼虾吃掉屈原的身体，人们就把食物扔进水里喂鱼。于是，就形成了端午节赛龙舟、吃粽子的习俗，一直延续至今。赛龙舟如今已经成为一项水上体育娱乐项目，十分受欢迎。粽子由箬叶包裹糯米蒸制而成，由于中国各地饮食

农历 nónglì 명 음력 ｜ 粽子 zòngzi 명 쫑즈 [찹쌀을 대나무나 갈대잎에 싸서 삼각형으로 묶은 후 찐 음식, 단오절에 굴원을 기리기 위한 풍습 중 하나임] ｜ 大臣 dàchén 명 대신 ｜ 政治 zhèngzhì 명 정치 ｜ 遭到 zāodào 당하다, 겪다 ｜ 奸臣 jiānchén 명 간신 ｜ 打败 dǎbài 동 싸워 이기다, 물리치다 ｜ 拯救 zhěngjiù 동 구하다, 구조하다 ｜ 悲痛 bēitòng 형 비통하다 ｜ 绝望 juéwàng 동 절망하다 ｜ 箬叶 ruòyè 명 대나무 잎 ｜ 裹 guǒ 동 (종이나 천 따위로) 휘감다, 묶어 싸다, 싸매다 ｜ 糯米 nuòmǐ 명 찹쌀 ｜ 蒸 zhēng 동 찌다

习惯的不同，形成了南北风味。总的来说，北方地区以甜粽子为主，南方以咸粽子为主。

此外，端午节还有其他一些传统习俗，比如在门上插一束可以治病的药草——艾草，佩戴装有各种中草药的香包，等等。艾草、香包中的草药都有杀菌消毒的作用，这些习俗代表了人们希望身体健康的心愿。

千百年来，端午节习俗在中国经久不衰。2009年，中国端午节入选联合国教科文组织人类非物质文化遗产代表作名录。

插 chā 동 끼우다, 꽂다, 삽입하다 | 束 shù 양 묶음, 다발 | 艾草 àicǎo 명 쑥 | 佩戴 pèidài 동 (훈장·기장 등을) 패용하다, 몸에 달다 | 装 zhuāng 동 싣다, 담다 | 香包 xiāngbāo 명 주머니 | 杀菌 shājūn 동 살균하다 | 消毒 xiāodú 동 소독하다 | 经久不衰 jīngjiǔbùshuāi 오랫동안 시들지 않다 | 联合国教科文组织 Liánhéguó Jiàokēwén Zǔzhī 명 유네스코(UNESCO) | 遗产 yíchǎn 명 유산

HSK
5级

UNIT
02

无声跨国恋

2015年4月12日，53岁的土耳其大叔和58岁的青岛大妈举行了婚礼，他们都是生活在无声世界里的聋哑人。

无声跨国恋

　　除了餐具碰撞发出的"叮叮咚咚"声，婚礼现场一片寂静……
2015 年 4 月 12 日，一场无声的婚礼在山东省青岛市的一家酒店举行❶。不
到 30 平米的场地、5 桌酒席、40 位客人，大伙儿打着手语，向❷新人送上祝
福。

无声 wúshēng 형 소리가 없다 ｜ **跨国** kuàguó 동 국경을 초월하다 명 다국적 ｜ **土耳其** Tǔ'ěrqí 명 터키(Turkey) ｜ **大叔**
dàshū 명 아저씨, 삼촌 ｜ **青岛** Qīngdǎo 명 칭다오, 청도 [중국 산둥성(山东省)에 있는 항구 도시] ｜ **大妈** dàmā 명 아주
머님, 큰어머니 ｜ **聋哑人** lóngyǎrén 농아 ｜ **餐具** cānjù 명 식기 ｜ **碰撞** pèngzhuàn 명 동 충돌(하다) ｜ **叮叮咚咚**
dīngdīngdōngdōng 쿵쿵. 쨍그랑 [부딪히는 소리를 나타내는 의성어] ｜ **片** piàn 양 편 [풍경·분위기·마음 따위를 세는 단위] ｜
寂静 jìjìng 형 고요하다, 적막하다 ｜ **酒店** jiǔdiàn 명 호텔 ｜ **平米** píngmǐ 명 평방미터 ｜ **场地** chǎngdì 명 장소 ｜
酒席 jiǔxí 명 연회, 술자리 ｜ **手语** shǒuyǔ 명 수화 ｜ **新人** xīnrén 명 신랑과 신부 ｜ **祝福** zhùfú 동 축복하다

这场婚礼的新郎是53岁的土耳其大叔许斯尼（本名Husnu Yoruk），而新娘则是58岁的青岛大妈李玉新，他们都是生活在无声世界里的聋哑人。

七年前，在朋友的介绍下，土耳其人许斯尼和青岛人李玉新谈起了一场相隔万里的跨国网恋。2010年，两人在北京见面了。许斯尼对李玉新一见钟情，年过五旬的他不顾家人的反对，只身一人来到青岛，追寻自己的幸福。

许斯尼曾是一位飞机机械师，在伊斯坦布尔的机场工作，曾经❶有过一段婚姻，但并不幸福，而他的经历和远在中国青岛的李玉新格外相似。"从网上聊天儿就可以看出，她心地善良，第一眼看到她，我就决定跟她走。"

为了准备这场婚宴，夫妻俩忙了半个月。为了和李玉新在一起，许斯尼花了两年时间学习中国聋哑人的手语交流方式。与此同时，为了照顾许斯尼的饮食习惯，李玉新也学做起了西餐，两个人互相❸弥补、互相❸学习。和李玉新在一起后，许斯尼每天都会给太太写一封情书，这些情书让李玉新倍感温暖。

新郎 xīnláng 명 신랑 | 本名 běnmíng 명 본명 | 新娘 xīnniáng 명 신부 | 相隔 xiānggé 동 (시간·거리가) 서로 멀리 떨어지다 | 网恋 wǎngliàn 동 인터넷을 통해 연애하다 | 一见钟情 yíjiàn zhōngqíng 첫눈에 반하다 | 旬 xún 명 순, 10년 | 不顾 búgù 고려하지 않다, 상관하지 않다 | 只身 zhīshēn 명 단신, 홀몸, 독신 | 追寻 zhuīxún 동 추적하다, 추구하다 | 机械师 jīxièshī 명 기계 제작 수리공, 기계 기술자 | 伊斯坦布尔 Yīsītǎnbù'ěr 이스탄불(Istanbul) | 婚姻 hūnyīn 명 결혼, 혼인 | 相似 xiāngsì 형 비슷하다 | 心地 xīndì 명 마음, 심정 | 婚宴 hūnyàn 명 결혼 피로연 | 照顾 zhàogù 동 돌보다 | 弥补 míbǔ 동 메우다, 보충하다 | 太太 tàitai 명 아내, 처 | 倍感 bèigǎn 동 더욱더 느끼다

2014 年年底，许斯尼和李玉新领了结婚证，没有轰轰烈烈[2]的求婚，两个人就这么平平淡淡[2]地走到了一起。

在朋友们的簇拥下，二人秀起了恩爱，互相[3]喂蛋糕吃。

婚宴即将开始，夫妻二人入席。

二人坐在主人的位置上，挥舞着手臂，示意大家举杯。现场仍是一片安静。

宴席上，李玉新的朋友用手语"朗读"自己写的祝贺词。

宾客们举杯庆祝，并用手语送上祝福。夫妻二人也举起了酒杯。

婚宴结束后，大家纷纷和新人合影留念。

朋友们陆续[3]离场，许斯尼站在角落里，略显疲惫。

李玉新和许斯尼经常出去散步、爬山、逛公园，两人每天都在一起。这对"老新人"十分恩爱，无论[4]去哪儿都是手牵手。

生活在青岛，处处都让许斯尼感到新奇。包饺子、煮面条、饭后散步、去菜市场买菜，在李玉新的帮助下，他正在慢慢适应一切。

轰轰烈烈 hōnghōnglièliè 기백이나 기세가 드높다. 정열적이다 | 求婚 qiúhūn 통 청혼하다 | 平平淡淡 píngpíngdàndàn 평범하다 | 簇拥 cùyōng 통 (많은 사람이) 빼곡히 둘러싸다 | 秀 xiù 통 보여주다, 뽐내다 [영어 단어 'show'의 음역어] | 恩爱 ēn'ài 형 (부부간의) 금슬이 좋다, 애정이 깊다 | 喂 wèi 통 먹이다. 먹여주다 | 入席 rùxí 통 (집회나 의식 따위에서) 착석하다 | 挥舞 huīwǔ 통 휘두르다. 흔들다 | 手臂 shǒubì 명 팔뚝 | 示意 shìyì 통 의사(의도)를 표시하다 | 举杯 jǔbēi 통 잔을 들다 | 宴席 yànxí 명 연회석 | 朗读 lǎngdú 통 낭독하다 | 祝贺 zhùhè 통 축하하다 | 宾客 bīnkè 명 손님 | 庆祝 qìngzhù 통 축하하다 | 纷纷 fēnfēn 부 잇달아, 분분히 | 留念 liúniàn 통 기념으로 남겨두다 | 陆续 lùxù 부 잇달아, 연달아 | 离场 líchǎng 떠나다 | 略 lüè 부 약간, 조금 | 疲惫 píbèi 통 완전히 지쳐 버리다 | 无论 wúlùn 접 ~을 막론하고 | 牵手 qiānshǒu 통 손잡다 | 新奇 xīnqí 형 신기하다, 새롭다 | 煮 zhǔ 통 끓이다 | 菜市场 càishìchǎng 명 청과시장 | 适应 shìyìng 통 적응하다 | 一切 yíqiè 명 모든 것

家里常常❹有人来做客，夫妻俩会热情地招待。客人们大多会问起他们的恋爱经历，说起这些，他们会手舞足蹈，满脸兴奋地描述一番。

如今，两人的爱情已经开花结果，许斯尼的家人也渐渐接受了李玉新。他的家人表示，如果三年之后两人还是如此相爱，他们希望李阿姨能够去土耳其定居。

说起未来的异国生活，李玉新并不担心。她说，只要两个人在一起，就一切都好。

（本文选编自 http://news.qq.com/original/oneday/1957.html，作者：孙志文，于泓）

做客 zuòkè 통 손님이 되다 ㅣ 招待 zhāodài 통 접대하다, 대접하다 ㅣ 手舞足蹈 shǒuwǔ zúdǎo 너무 기뻐서 덩실덩실 춤추다, 기뻐 어쩔 줄 모르다 ㅣ 兴奋 xīngfèn 형 흥분하다 ㅣ 描述 miáoshù 통 묘사하다, 기술하다 ㅣ 番 fān 양 번, 바탕, 차례 ㅣ 开花结果 kāihuā jiéguǒ 꽃이 피고 열매를 맺다, 순조롭게 좋은 결과를 맺다 ㅣ 渐渐 jiànjiàn 부 점점, 점차 ㅣ 接受 jiēshòu 통 받아들이다 ㅣ 相爱 xiāng'ài 통 서로 사랑하다 ㅣ 定居 dìngjū 통 정착하다 ㅣ 异国 yìguó 명 이국, 타국, 외국

有缘千里来相会

2015 年，在中国的一个亲子秀节目《爸爸去哪儿》（第三季）中，一个颜值爆表、贴心懂事的男孩刘诺一吸引了很多观众的目光。诺一是一桩跨国婚姻的结晶，他的爸爸是中国演员刘烨，妈妈是法国记者安娜伊思·马田（Anaistamo Martane）。2006 年，刘烨和安娜相识于法国大使馆并一见钟情。三年后，两人在北京举行了盛大婚礼。现在的刘烨和安娜儿女双全，生活幸福。

除了刘烨和安娜，现实中还有很多甜蜜的跨国恋。比如，韩国男导演金泰勇（Kim TaeYong）和中国女演员汤唯也于 2014 年有情人终成眷属。

有缘千里来相会 yǒuyuán qiānlǐ lái xiānghuì 인연이 있으면 천 리 먼 길 떨어져 있어도 만나게 된다. 인연이 있으면 어쨌든 만난다 **｜ 颜值爆表** yánzhí bàobiǎo 엄청나게 잘생기다 **｜ 贴心** tiēxīn 혭 친절하다 **｜ 懂事** dǒngshì 동 세상 물정을 알다, 철들다 **｜ 吸引** xīyǐn 동 끌어당기다 **｜ 目光** mùguāng 명 눈길 **｜ 桩** zhuāng 양 건(件), 가지 [사건이나 일을 세는 단위] **｜ 结晶** jiéjīng 명 결정체 **｜ 盛大** shèngdà 혭 성대하다 **｜ 甜蜜** tiánmì 혭 아주 달다, 달콤하다 **｜ 导演** dǎoyǎn 명 영화 감독 **｜ 有情人终成眷属** yǒuqíngrén zhōngchéng juànshǔ 속 연인에서 결국 부부가 되다, 두 사람의 사랑이 결실을 이루다

　　如今，跨国恋并不少见。和其他恋情一样，跨国恋有欢笑也有泪水，但文化差异等原因使跨国爱情显得相对脆弱。虽说爱情不分距离，更不分国度，但也不是每段跨国爱情都能善始善终的。双方在文化、观念上的差异，有时会让爱情变得困难重重。

　　每份爱情都需要用心经营，只有这样，才能让文化差异为爱情增加神秘，而不是带来冲突。

欢笑 huānxiào 동 즐겁게 웃다 | **泪水** lèishuǐ 명 눈물 | **差异** chāyì 명 차이, 다른점 | **脆弱** cuìruò 형 나약하다 |
国度 guódù 명 국가 | **善始善终** shànshǐ shànzhōng 일을 시종일관 잘 완수하다, 처음부터 끝까지 한결같이 잘하다 |
用心 yòngxīn 동 마음을 쓰다, 주의를 기울이다 | **神秘** shénmì 형 신비하다 | **冲突** chōngtū 명 충돌

UNIT
03

外婆的千层底

外婆从十来岁就开始学习纳鞋的手艺，今年76岁的她几十年如一日，一针一线地纳着千层底，已经亲手做了900多双布鞋了。

外婆的千层底

　　外婆生活在湖南省的一个小山村，和上世纪二三十年代出生的大多数土家族姑娘一样，今年76岁的外婆从十来岁时，就开始学习纳鞋。她从长辈手里传承了纳鞋手艺，几十年如一日，一针一线地纳着千层底。在她的印象中，自己做的布鞋有900多双了。

外婆 wàipó 명 외할머니 | 千层底 qiāncéngdǐ 명 수공으로 아주 여러 겹 대어서 만든 신발 밑바닥 | 纳鞋 nà xié 구두 밑창을 빅다 | 手艺 shǒuyì 명 손재간, 기술 | 一针一线 yìzhēn yíxiàn 바늘 하나, 한 땀 | 纳 nà 동 (촘촘히) 박다 | 布鞋 bùxié 명 헝겊신 | 土家族 Tǔjiāzú 명 투자족, 토가족 [중국 소수민족의 하나로 주로 후난성(湖南省)·후베이성(湖北省)·구이 저우성(贵州省)·쓰촨성(四川省) 등지에 거주함] | 长辈 zhǎngbèi 명 손윗사람, 연장자 | 传承 chuánchéng 명 전수와 계승

精致的小竹篓，放着针线、碎布、剪刀。"千层底"因其层数多而得名，尽管❶不是真的上千层，但❶每只鞋底起码也有二十多层。要将棉布用糨糊粘贴起来，晾干后剪成鞋样，中间放硬棕榈皮，然后一针一线地纳，一只鞋至少要用掉三根六米长的线。说起布鞋的故事和制作方法，外婆如数家珍。

"鞋底要一针一线地纳出来，做起来不容易，一天一个鞋底都做不完。"一大早，外婆取出鞋底，接着做前一天剩下的活儿。

在土家族的习俗里，嫁女儿或者娶媳妇时，给亲家的亲朋好友送一双布鞋，是必不可少的礼数。两年前，外婆还给我和妻子送了她亲手制作的布鞋作为新婚礼物，因为舍不得❷穿，我们一直珍藏着。

精致 jīngzhì 형 정교하고 치밀하다. 섬세하다 | **竹篓** zhúlǒu 명 대광주리 | **针线** zhēnxiàn 명 바늘과 실 | **碎布** suìbù 명 헝겊, 천 조각 | **剪刀** jiǎndāo 명 가위 | **鞋底** xiédǐ 명 신발 바닥, 구두 밑창 | **起码** qǐmǎ 부 최소한 | **棉布** miánbù 명 면포, 면직물 | **糨糊** jiànghu 명 풀 | **粘贴** zhāntiē 동 (풀 따위로) 붙이다. 바르다 | **晾干** liànggān 동 그늘진 곳에서 말리다 | **鞋样** xiéyàng 명 신발의 견본 | **棕榈** zōnglǘ 명 종려(나무) | **如数家珍** rúshǔ jiāzhēn 속속들이 알고 있어 막힘이 없다. 손금 보듯 환히 꿰뚫고 있다 | **剩下** shèngxià 동 남다, 남기다 | **活儿** huór 명 일거리, 일감 | **媳妇** xífù 명 며느리 | **亲家** qìngjia 명 친척, 사돈댁 | **亲朋好友** qīnpéng hǎoyǒu 친지와 친구 | **必不可少** bìbùkěshǎo 없어서는 안 되다, 반드시 필요하다 | **礼数** lǐshù 명 예의, 예절 | **亲手** qīnshǒu 부 직접, 손수 | **新婚** xīnhūn 명 신혼 | **舍不得** shěbude 동 아깝다, 아쉬워하다 | **珍藏** zhēncáng 동 소중히 간직하다

标注着尺码的鞋样是外婆用硬纸片剪成的。

按鞋样大小，将鞋底形状印在布上，剪下来，这是做鞋底的第一步。

外婆说，最初纳鞋底用麻线，麻线得自己搓，现在一般都用纱线。

鞋底厚度根据需要而重叠，做的时候要靠顶针、针夹子。

加一层布，修一次边，重叠十来层后，鞋底就基本做好了。

最后要把鞋底的毛边剪掉。

不仅纳鞋底费事，做一个鞋帮也要经过十几道工序。一只鞋帮完全做好需要近三个半小时。

"趁身体好，多做几双。"外婆说。看着刚做好的布鞋，外婆满意地笑了。

标注 biāozhù 동 표시하고 상세하게 설명을 달다 | 尺码 chǐmǎ 명 (신발이나 모자의) 치수, 사이즈(size) | 印 yìn 동 찍다, 인쇄하다, 표시를 남기다 | 麻线 máxiàn 명 삼실, 마사 | 搓 cuō 동 꼬다 | 纱线 shāxiàn 명 피륙을 짜는 실 | 厚度 hòudù 명 누께 | 重叠 chóngdié 동 중첩되다 | 顶针 dǐngzhēn 명 골무 | 针夹子 zhēnjiāzi 명 집게, 펜치 | 毛边 máobiān 명 가장자리 | 费事 fèishì 동 품을 들이다, 힘을 들이나 | 鞋帮 xiébāng 갑피, 신발의 양측, 볼 | 道 dào 양 횟수를 나타냄 | 工序 gōngxù 명 제조 공정 | 趁 chèn 전 ~을 틈타, (시간·기회 등을) 이용하여

平时，村里年轻女人也来向外婆讨教做鞋的方法。如今，很多人追求怀旧和朴❷实的风格❸，手工布鞋透气、舒适，因此❸很受❹人们的青睐，不少人慕名上门来请外婆做鞋。

厚实的白底，素色的鞋帮，船样的外形，千层底布鞋的样子朴素❷而好看。

外婆说，做布鞋工序繁琐，慢工出细活。如今她年纪大了，手使不上力气，做起来更慢了，完全做好一双鞋子要花四五天时间。

细密的针脚，一针挨着一针排列，呈现小小的菱形，特别精致。做好的鞋上看不到一个线头。我知道，那层层叠叠、细细密密的针眼，是老人一辈子也割舍不下的情缘。平日里，一有空闲，她便❹做起鞋底来。"有人喜欢它，我就高兴。要是年轻人愿意拿起针线纳布鞋，不让这门手艺丢了，那就更好了！"

（本文选编自 http://news.qq.com/original/oneday/1949.html，作者：周敏）

讨教 tǎojiào 동 가르침을 청하다 | 怀旧 huáijiù 동 옛날을 회고하다 | 朴实 pǔshí 형 소박하다, 꾸밈이 없다 | 风格 fēnggé 명 스타일 | 透气 tòuqì 동 공기가 통하다 | 青睐 qīnglài 명 특별한 주목, 호감 | 慕名 mùmíng 동 (남의) 명성을 선모하다(부러워하다) | 上门 shàngmén 동 방문하다, 찾아 뵙다 | 素色 sùsè 명 흰빛, 백색 | 朴素 pǔsù 형 소박하다 | 繁琐 fánsuǒ 번잡하고 자질구레하다 | 慢工出细活 màngōng chū xìhuó 일을 천천히 해야 정교한 작품이 나온다 | 使不上 shǐbushàng 쓸 수 없다, 사용할 수 없다 | 力气 lìqì 명 힘, 기운 | 细密 xìmì 형 (하는 일이) 신중하고 면밀하다 | 针脚 zhēnjiao 명 바늘땀 | 挨 āi 동 가까이 가다, 접근하다 | 排列 páiliè 동 배열하다, 정렬하다 | 菱形 língxíng 명 마름모꼴 | 线头 xiàntóu 명 실밥 | 针眼 zhēnyǎn 명 바늘로 찌른 구멍 | 割舍 gēshě 동 내버리다, 포기하다 | 情缘 qíngyuán 명 연분, 인연

中国布鞋的时尚转身

　　中国布鞋有着数千年的历史，以老北京布鞋为代表。创始于1853年的北京内联升是以生产、制作千层底布鞋而闻名的老字号鞋厂，被称为"中国布鞋第一家"。布鞋用料以布料为主，多为平底，鞋底用棉线手工纳制，具有透气、舒适、轻便等特点，深受人们喜爱。

　　皮鞋生产工艺进入中国以后，由于设计时尚，很快就抢占了老北京布鞋的市场。手工布鞋开始淡出中国人的时尚视野，甚至一度被视为"老土"的象征。于是，以内联升为代表的布鞋企业进行了创新，融合皮鞋工艺和现代设计，突破传统的束缚，实现了古典与时尚的结合。如今，随着种类和款式的丰富与发展，许多追求个性和时尚的年轻人也喜欢上了布鞋。对于传统布鞋的复兴，内联升董事长程来祥认为，布鞋和皮鞋代表

时尚 shíshàng 명 시대적 유행, 시류 ┃ **转身** zhuǎnshēn 동 몸의 방향을 바꾸다, 국면을 전환하다 ┃ **创始** chuàngshǐ 동 창시하다 ┃ **闻名** wénmíng 형 유명하다 ┃ **老字号** lǎozìhào 명 라오쯔하오 [100년 이상 대대로 내려오는 전통 있는 가게] ┃ **平底** píngdǐ 형 (냄비·배·신발 따위의) 바닥이 얕은, 평평한 바닥의 ┃ **棉线** miánxiàn 명 무명실 ┃ **轻便** qīngbiàn 형 편리하다, 가볍다 ┃ **设计** shèjì 동 설계하다 ┃ **抢占** qiǎngzhàn 동 앞을 다투어 점령하다 ┃ **淡出** dànchū 동 조용히 떠나다 ┃ **视野** shìyě 명 시야 ┃ **一度** yídù 한 때, 한 동안 ┃ **老土** lǎotǔ 명 촌뜨기, 시골뜨기 ┃ **象征** xiàngzhēng 명 상징 ┃ **创新** chuàngxīn 동 옛 것을 버리고 새 것을 창조하다 ┃ **融合** rónghé 동 융합하다 ┃ **突破** tūpò 동 (한계·난관 따위를) 돌파하다, 타파하다 ┃ **束缚** shùfù 명 속박, 구속 ┃ **款式** kuǎnshì 명 격식, 양식 ┃ **复兴** fùxīng 동 부흥하다, 부흥시키다

着两种文化。皮鞋和西装代表着快节奏的商务化生活方式，而布鞋蕴含着舒适休闲的"家"文化。中式布鞋作为流行时尚再次复苏并不是一种偶然，它反映了人们对精致生活的渴望。

在中国土家族、侗族等民族的风俗中，送布鞋是姑娘传情的一种方式。男女双方的感情如果发展得很好，女方便会给男方送一双手艺精巧的布鞋。结婚时，新郎穿的布鞋做得特别讲究，鞋底一般是白色的，象征高尚纯洁的爱情，而鞋面上的精美花鸟则象征着美满幸福。

2008年，内联升千层底布鞋制作技艺被列入了中国国家级非物质文化遗产名录。手工布鞋正在时尚转身，回归人们的日常生活。

节奏 jiézòu 名 리듬, 템포 ｜ 蕴含 yùnhán 동 포함하다, 내포하다 ｜ 复苏 fùsū 명 소생, 회복, 회생 ｜ 偶然 ǒurán 명 우연 ｜ 渴望 kěwàng 명동 갈망(하다) ｜ 侗族 Dòngzú 명 동주, 동족 [중국 소수민족의 하나로, 구이저우성(贵州省)·후난성 (湖南省)·광시성(广西省) 지역에 분포함] ｜ 精巧 jīngqiǎo 형 정교하다 ｜ 讲究 jiǎngjiu 형 정교하다, 꼼꼼하다 ｜ 高尚 gāoshàng 형 고상하다 ｜ 纯洁 chúnjié 형 순결하다, 티 없이 깨끗하다 ｜ 列入 lièrù 동 집어넣다, 끼워넣다 ｜ 回归 huíguī 동 회귀하다

UNIT
04

艾比班的双面生活

艾比班·热合木是新疆维吾尔自治区的一名教师，同时她还是多家馕店的创始者。她希望传播新疆馕的传统文化，让更多人了解馕的医疗价值。

艾比班的双面生活

　　1996年，艾比班·热合木从新疆师范大学毕业，成了伊宁市第十五小学的一名教师。

　　2015年7月，记者在新疆伊宁见到了艾比班。她身穿一袭粉衣，干练大方，散发着知性又亲切的气息。

双面 shuāngmiàn 명 양면, 양날 ｜ **新疆** Xīnjiāng 명 신장 [新疆维吾尔自治区(신장 위구르 자치구)] ｜ **馕** náng 명 구운 빵의 일종 [위구르족과 카자흐족이 주식으로 먹는 빵] ｜ **创始者** chuàngshǐzhě 명 창시자 ｜ **医疗** yīliáo 명 의료 ｜ **价值** jiàzhí 명 가치 ｜ **伊宁市** Yíníng Shì 명 이닝시, 이녕시 [신장 위구르 자치구에 있는 도시명] ｜ **记者** jìzhě 명 기자 ｜ **袭** xí 양 벌 [옛날, 옷을 세는 단위] ｜ **干练** gànliàn 형 유능하고 노련하다 ｜ **大方** dàfāng 형 (스타일·색상 따위가) 우아하다, 고상하다 ｜ **散发** sànfā 동 발산하다, 내뿜다 ｜ **知性** zhīxìng 명 지성 ｜ **亲切** qīnqiè 형 친절하다 ｜ **气息** qìxī 명 기운, 면모, 정신

艾比班虽然没有上过汉语学校，却❷说着一口流利的汉语。因为父亲曾在伊犁州教育局工作，艾比班从小就在第十五小学后面的教育局家属院长大，有很多汉族发小。她最好的朋友是汉族邻居欧洋。她回忆说，欧洋的数学很好，小时候遇到不会解的数学题，都是欧洋帮忙。

现在欧洋是一名幼儿园教师，三十年来，两人的联系从未间断，现在还经常在一起探讨教学问题。

艾比班还有另一个身份——伊宁市西帕伊营养馕店的创始者。这家店在当地小有名气。

艾比班从小就喜欢吃馕，有一天，她跟母亲说："馕很美味，但是品种单一，为什么不加些核桃和牛奶？"于是❶，母亲就按照❷艾比班的方法❶做馕，发现这样做出来的馕好吃又有营养。于是❶，慢慢地，核桃馕、牛奶馕等都成了艾比班一家的创新产品。

家属院 jiāshǔyuàn 사택 | 发小 fàxiāo 몡 소꿉친구, 죽마고우 | 回忆 huíyì 동 회상하다, 추억하다 | 解题 jiětí 동 문제를 풀다 | 从未 cóngwèi 부 지금까지 ~하지 않았다, 여지껏 ~하지 않다 | 间断 jiànduàn 동 중단되다 | 探讨 tàntǎo 명동 연구 토론(하다), 탐구(하다) | 教学 jiàoxué 명 교수, 수업 | 身份 shēnfèn 명 신분 | 营养 yíngyǎng 명 영양 | 当地 dāngdì 명 현지, 그 지방 | 小有名气 xiǎoyǒu míngqì 조금 유명하다 | 美味 měiwèi 형 맛이 좋다 | 单一 dānyī 형 단일하다 | 核桃 hétao 명 호두 | 于是 yúshì 접 그래서, 그리하여 | 按照 ànzhào 전 ~에 의하여, ~에 따라 | 创新 chuàngxīn 동 혁신하다, 새로운 것을 만들다

2009 年，艾比班租下了第十五小学后面的一个十几平米的店铺。小店的货架上摆满了一家人的"试验品"，对外售卖。

2011 年，艾比班的父亲注资馕店，但[2]由于缺人手，又找不到足够大的门店，馕店的发展始终没有起色。直到 2012 年，艾比班将馕店搬到一个民俗文化手工业基地，馕店的发展才开始走上正轨。

这个基地由江苏省南京市援建，约有 48 家商铺，所有商铺免租金五年。基地还帮助商户参加展销会，联系媒体记者采访，西帕伊营养馕店的名气逐渐大了起来[3]。

店里的馕主要批发给飞机场、火车站和馕零售店铺，一般每天要用掉 12 袋 25 公斤的面粉，订单多的时候，要用掉 15 袋。

艾比班说，现在店里已经能接到一些来自北京、上海的订单了。

2015 年，西帕伊营养馕店在墩买里开了六家分店，包括[3]一家冰激凌店，一家奶茶店，四家馕零售店，总面积 400 平方米，员工 45 名。

租 zū 动 임대하다, 빌리다 | 店铺 diànpù 명 점포, 상점, 가게 | 货架 huòjià 명 진열대 | 摆满 bǎimǎn 가득 진열되어 있다 | 试验品 shìyànpǐn 명 시험용 물품 | 售卖 shòumài 동 판매하다 | 注资 zhùzī 동 자산을 투자하다 | 人手 rénshǒu 명 일손 | 门店 méndiàn 명 소매부(小卖部), 구멍가게 | 起色 qǐsè 명 활기를 띠는 것, 경기가 좋아지는 것 | 民俗 mínsú 명 민속 | 基地 jīdì 명 기지 | 正轨 zhèngguǐ 명 정상적인 궤도 | 援建 yuánjiàn 동 건설을 지원하다 | 租金 zūjīn 명 임대료 | 商户 shānghù 명 상점 | 展销会 zhǎnxiāohuì 명 전람회, 박람회 | 媒体 méitǐ 명 매체 | 采访 cǎifǎng 동 인터뷰하다 | 逐渐 zhújiàn 부 점차, 점점 | 批发 pīfā 동 도매 | 零售 língshòu 명 소매 | 袋 dài 양 부대, 포대를 세는 단위 | 面粉 miànfěn 명 밀가루 | 订单 dìngdān 명 주문서 | 墩买里 Dūnmǎi Lǐ 고유 둔마이리, 돈매리 [신장 위구르 자치구 이리(伊犁) 하싸커자치주(哈萨克自治州) 이닝시(伊宁市)의 한 지명] | 分店 fēndiàn 명 분점 | 包括 bāokuò 동 포함하다 | 冰激凌 bīngjīlíng 명 아이스크림 | 奶茶 nǎichá 명 밀크티 | 零售店 língshòudiàn 명 소매점

艾比班说，平时上课工作压力很大，店铺由家人管理，周末或假期时她才有时间照看店铺。店铺能有今天的规模，是她最初不曾想到的。

艾比班有一个十二岁的女儿和一个五岁的儿子，平时住在孩子奶奶家里。不忙的时候，她便来探望两个孩子。

维吾尔族人离不开❸馕，一天吃三顿都不会腻，但是很少有人知道馕的营养价值❹。

艾比班说，她想退休后开一家大型工厂，让学校的孩子去工厂实习，研制更多馕的品种，传播馕传统和馕文化，让更多人了解馕的医疗价值❹。

（本文选编自 http://news.qq.com/original/oneday/2041.html，作者：孟菁）

压力 yālì 名 스트레스 | **假期** jiàqī 名 휴가, 방학 기간 | **照看** zhàokàn 동 돌봐주다, 보살피다 | **规模** guīmó 名 규모 | **探望** tànwàng 동 살피다, 방문하다 | **维吾尔族** Wéiwú'ěrzú 名 위구르족(Uighur族) [중국 신장 위구르 자치구에 사는 소수 민족] | **顿** dùn 양 번, 차례, 끼니 [식사·질책·권고 따위의 횟수를 세는 단위] | **腻** nì 형 물리다, 싫증나다 | **实习** shíxí 名 동 실습(하다), 견습(하다) | **研制** yánzhì 동 연구 제작하다 | **传播** chuánbō 동 전파하다, 유포하다

话说新疆馕

馕是新疆维吾尔自治区的主食之一，已经有两千多年的历史。在新疆，无论哪个季节，无论走到哪里，都可以吃到香香的馕。

馕品种丰富，常见的有肉馕、油馕、芝麻馕等。用羊肉丁、洋葱末等拌馅儿烤制的是肉馕，添加羊油的是油馕，将芝麻、葡萄汁等拌馅儿烤制的是芝麻馕。

馕有许多形状，但大多是圆形，中间薄，边缘厚。最大的馕直径有40～50厘米，最小的馕只有茶杯口那么大，用来出远门携带。

在新疆，几乎家家都有烤馕的馕坑。馕坑一般都设在自家院子里，形状像一个大水缸。在馕坑外围，有专门供人站上去烤馕的方形土台。

自治区 zìzhìqū 명 자치구 [소수민족이 다수 거주하는 지방의 제1급 행정단위로 성(省)에 해당함] | **主食** zhǔshí 명 주식 | **芝麻** zhīma 명 참깨 | **丁** dīng 명 도막, 덩이 [주사위 모양으로 자른 것] | **洋葱** yángcōng 명 양파 | **末** mò 명 가루, 분말, 잘게 부순 것 | **拌馅儿** bànxiànr 동 버무리다 | **烤制** kǎozhì 동 굽다 | **添加** tiānjiā 동 첨가하다 | **形状** xíngzhuàng 명 형태, 모양 | **边缘** biānyuán 명 가장자리 부분 | **直径** zhíjìng 명 직경 | **厘米** límǐ 명 센티미터 | **携带** xiédài 동 휴대하다, 지니다 | **坑** kēng 명 구멍, 구덩이 | **水缸** shuǐgāng 명 물독, 물항아리 | **方形** fāngxíng 명 사각형

馕的营养价值丰富，具有保养脾胃、杀菌、降血脂等作用。维吾尔族人的生活离不开馕，"可以一日无菜，但不可以一日无馕"。在招待客人时，主人往往也会拿出各种各样的馕。如果到库车县的维吾尔族人家中做客，他们会把最大的馕到最小的馕都摞起来，摆成塔形，放在桌子的中央，叫你饱尝。

在一些场合，馕还表达着特殊的含义。比如结婚时，新郎和新娘要抢着吃蘸了盐水的馕。因为维吾尔族人非常爱惜盐，馕也是他们生活中不可缺少的，把这两种珍贵的东西放在一起食用，象征着大家祝愿新郎、新娘如同盐和馕那样永不分离。

保养 bǎoyǎng 동 보양하다 | **脾胃** píwèi 명 비장과 위 | **杀菌** shājūn 동 살균하다 | **血脂** xuèzhī 명 혈액 지질 [지방 · 콜레스테린 · 인지질 · 지방산 등을 가리킴] | **招待** zhāodài 접대하다, 대접하다 | **库车县** Kùchēxiàn 쿠처현, 고차현 [신장 위구르 자치구에 있는 지명] | **摞** luò 동 쌓아놓다, 쌓다 | **塔型** tǎxíng 탑 모양 | **饱尝** bǎocháng 동 배부르게 먹다 | **场合** chǎnghé 명 경우, 상황 | **特殊** tèshū 형 특수하다 | **含义** hányì 함의, 내포된 뜻 | **抢** qiǎng 동 빼앗다 | **蘸** zhàn 동 (액체 · 가루 · 풀 따위에) 찍다, 묻히다 | **盐水** yánshuǐ 명 염수, 소금물 | **爱惜** àixī 동 아끼다, 소중히 여기다 | **珍贵** zhēnguì 형 진귀하다, 보배롭고 귀중하다 | **食用** shíyòng 동 식용하다, 먹다 | **象征** xiàngzhēng 동 상징하다 | **祝愿** zhùyuàn 동 축원하다 | **如同** rútóng 동 마치 ~와 같다 | **分离** fēnlí 동 헤어지다, 이별하다

HSK
6级

UNIT
05

专车司机的梦想

　　四十六岁的殷浩是南京的一位有着十九年驾龄的出租车司机。在短短几个月内，他完成了从出租车司机、专车司机到专车租赁公司合伙人的角色转变，他和他的合伙人们都对未来充满期望。

Real READING

⊙ UNIT 05

专车司机的梦想

　　殷浩，四十六岁，是南京的一位出租车司机，有着十九年的驾龄。但从今年四月开始，殷浩就不再**❶**自己开车了，他准备创办一家专车租赁公司。

　　公司刚成立**❶**时，由于投资人的突然**❷**撤资，殷浩遇到了很大的困难，好在**❸**朋友介绍了新的投资人给他。他每天和许多上班族一样，很早从家里出发，到公司开始忙碌的一天。

梦想 mèngxiǎng 명 동 몽상(하다), 망상(에 빠지다) ｜ **驾龄** jiàlíng 명 (자동차·선박·비행기 등의) 운전(조종) 횟수, 운전(조종) 경력 ｜ **专车** zhuānchē 명 영업용 고급택시 ｜ **租赁** zūlìn 동 빌려주다, 세를 놓다 ｜ **合伙人** héhuǒrén 공동조합원 ｜ **角色** juésè 명 역할, 배역 ｜ **转变** zhuǎnbiàn 동 (점점) 바뀌다, 전환하다 ｜ **充满** chōngmǎn 형 충만하다, 가득하다 ｜ **期望** qīwàng 명 희망, 기대, 바람 ｜ **创办** chuàngbàn 동 창립하다, 창설하다 ｜ **成立** chénglì 동 창립하다, 설립하다 ｜ **投资人** tóuzīrén 명 투자자 ｜ **突然** tūrán 부 갑자기, 돌연히 ｜ **撤资** chèzī 동 투자를 취소하다 ｜ **上班族** shàngbānzú 직장인 ｜ **忙碌** mánglù 형 바쁘다

殷浩常去"的士餐厅"做宣传，介绍公司情况，招聘司机。他还通过他的微博和微信朋友圈发布招聘司机的信息。

殷浩和另外两位合伙人一直注意研究互联网对传统出租车行业的影响，在短短几个月内，殷浩完成了从出租车司机、专车司机到专车租赁公司合伙人的角色转变。这种变化，就像各种打车软件的变化一样，又大又快。

的士 dīshì 명 택시(taxi) | **宣传** xuānchuán 동 홍보하다 | **招聘** zhāopìn 동 채용하다 | **微博** Wēibó 명 '微型博客(미니 블로그)'의 준말 | **微信朋友圈** Wēixìn péngyǒuquān 위챗 모먼트 | **发布** fābù 동 발표하다 | **软件** ruǎnjiàn 명 소프트웨어, 프로그램

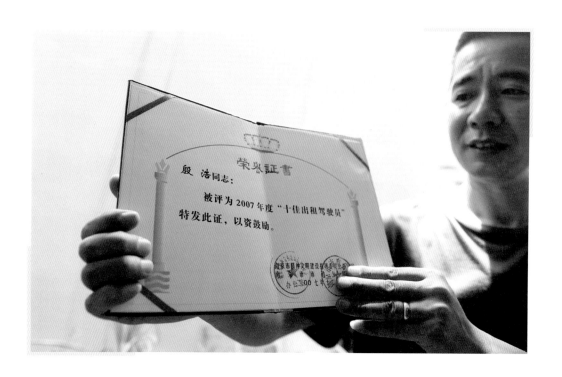

南京市"十佳出租驾驶员"对殷浩来说[2]是一个非常重要的荣誉，这个荣誉他从2007年到现在已经连续保持[3]了八年了[4]。

2013年，殷浩在南京当地一家电台开通了"的士脱口秀"节目，家里还挂着他在电台做节目时的照片。殷浩也是微博红人，经常在网上写一些出租车改革[4]方面的文章。

十佳 shíjiā 몝 베스트 10 | 驾驶员 jiàshǐyuán 몝 운전자, 조종사 | 荣誉 róngyù 몝 영예 | 连续 liánxù 됨 연속하다, 계속하다 | 保持 bǎochí 됨 유지하다 | 脱口秀 tuōkǒuxiù 몝 토크쇼 | 红人 hóngrén 몝 인기 있는 사람, 인기인

殷浩曾经有过开公司的经历，最后上当亏了七十万元。后来，他开始开出租车。前三年，他几乎每天都呆在车上接客人，每星期才回家一次。殷浩说，他永远也不能忘记自己把全部借款还完后的那个晚上，他一个人痛哭了很久。

　　殷浩的妻子在他创办新公司的第一天，就在家里点燃了一盏长明灯，祝福一切顺利、如意，殷浩也对这一行业的未来充满期望。

（本文选编自 http://news.qq.com/original/oneday/2044.html，作者：张伟）

曾经 céngjīng 부 일찍이, 이전에 ｜ 上当 shàngdàng 동 속다, 꾐에 빠지다 ｜ 亏 kuī 형 부족하다, 모자라다 ｜ 呆 dāi 동 머물다, 지내다 ｜ 借款 jièkuǎn 동 돈을 빌려주다 ｜ 痛哭 tòngkū 동 통곡하다, 목놓아 울다 ｜ 点燃 diǎnrán 동 불을 붙이다, 점화하다 ｜ 盏 zhǎn 양 개 [등 따위를 세는 단위] ｜ 长明灯 chángmíngdēng 명 장명등, 상야등(常夜燈) [중국인들이 설을 보낼 때 켜두는 불]

滴滴一下，马上出发

　　在中国，当提到打车出行时，人们首先想到的可能不是在哪个路口挥手更容易打到出租车，而是用哪个打车软件能以更低的价格更快地打到车。最近几年，在中国，随着移动互联网的发展，各式各样的打车软件流行了起来，"滴滴出行""易到用车""优步（Uber）"等打车软件成为中国人手机上必不可少的应用。"打车"的"车"也不仅仅指出租车了，还包括很多从事专车服务的私家车。下面就让我们来看一下，如何用"滴滴出行"打到出租车吧！

　　第一步，打开"滴滴出行"，如果你是第一次使用"滴滴出行"，你需要输入手机号，再输入系统自动发送到你手机上的验证码，然后设置密码，就登陆成功了。

　　第二步，进入"滴滴出行"页面，选择"出租车"服务，你可以看到你所在的位置和你附近的出租车数量。当然，你也可以修改乘车地点。

　　第三步，填写"你要去哪儿"以后，点击"呼叫出租车"。这时，你会看到

提到 tídào 동 언급하다, 말하다 ｜ 挥手 huīshǒu 동 손을 흔들다 ｜ 移动互联网 yídòng hùliánwǎng 명 무선 인터넷 ｜ 滴滴出行 Dīdīchūxíng 디디추싱 [중국의 택시 예약 어플] ｜ 易到用车 Yìdàoyòngchē 이따오용처 [중국의 자동차 예약 서비스] ｜ 优步 Yōubù 우버 [Uber, 스마트폰을 기반으로 한 미국의 승차 공유 서비스] ｜ 必不可少 bìbùkěshǎo 없어서는 안 되다 ｜ 应用 yìngyòng 명 어플리케이션, 어플, 앱 ｜ 私家车 sījiāchē 명 자가용 ｜ 如何 rúhé 대 어떻게 ｜ 输入 shūrù 동 입력하다 ｜ 系统 xìtǒng 명 시스템 ｜ 验证码 yànzhèngmǎ 명 인증번호 ｜ 设置 shèzhì 동 설치하다, 설정하다 ｜ 密码 mìmǎ 명 비밀번호 ｜ 登陆 dēnglù 동 로그인하다 ｜ 页面 yèmiàn 명 (컴퓨터나 앱의) 웹페이지 ｜ 位置 wèizhi 명 위치 ｜ 点击 diǎnjī 동 클릭하다 ｜ 呼叫 hūjiào 동 호출

你的等待时间和司机的接单情况。如果你很着急叫车，或者很长时间内没有司机接单，你可以增加"调度费"，"吸引"司机接单。

第四步，叫车成功后，你会看到出租车司机的姓名、车牌号、所在位置、预计等待时间等信息。

第五步，等你乘车到达目的地后，在你的手机端输入本次打车的费用，选择你的支付方式，比如"微信支付"，输入支付密码付款成功后，你的本次打车旅程就结束了。

为了吸引更多用户使用打车软件，打车软件公司为用户提供了多种优惠，比如首次使用可以免除一部分车费，分享给朋友可以获得优惠券等等。打车软件的业务也更加多样化，有的甚至开发了代驾、通勤大巴等服务。打车软件的流行正在深刻地改变着中国人的出行方式。

接单 jiēdān 动 주문 받다, 요청을 수락하다 | 调度费 diàodùfèi 명 예약비 | 车牌号 chēpáihào 차량 번호판 | 预计 yùjì 동 예상하다 | 到达 dàodá 동 도달하다, 도착하다, 이르다 | 目的地 mùdìdì 명 목적지 | 支付 zhīfù 동 지불하다 | 旅程 lǚchéng 명 여정, 여로 | 优惠 yōuhuì 형 특별대우하다, 할인해주다 | 首次 shǒucì 명 최초, 첫째 | 免除 miǎnchú 동 면하다 | 优惠券 yōuhuìquàn 쿠폰 | 代驾 dàijià 동 대리운전하다 | 通勤大巴 tōngqín dàbā 통근버스

UNIT
06

工地走出的篆刻家

　　黄九西是浙江平湖的一名农民工，他独自抚养着
上小学的女儿，白天在工地上打工，晚上则在出租屋
内专心致志地篆刻。当年只是初中毕业的他，如今已
经被中国人民大学画院录取。

Real READING

工地走出的篆刻家

　　在浙江省平湖市一间闷热的出租屋内，一位男子光着膀子，正在忘情地雕琢印章。他是一名农民工，白天在工地上打工，晚上则在出租屋内篆刻。他的篆刻作品已有上千方，他还被中国人民大学画院录取了。他叫黄九西，来自安徽蚌埠。

工地 gōngdì 명 (작업·공사) 현장 | **篆刻** zhuànkè 동 전각하다, 도장을 새기다 | **平湖** Pínghú 명 핑후시, 평호시 [저장성 (浙江省)에 있는 도시명] | **农民工** nóngmíngōng 명 농민(건축) 노동자 [농사일을 그만두고 도시로 이주하여 임시로 건축 노동 등에 종사하는 사람] | **独自** dúzì 부 혼자서, 홀로 | **抚养** fǔyǎng 동 부양하다 | **打工** dǎgōng 동 일하다 | **出租屋** chūzūwū 명 임대방, 셋방 | **专心致志** zhuānxīn zhìzhì 온 마음을 다 기울이다, 전심전력으로 몰두하다 | **录取** lùqǔ 동 (시험으로) 합격시키다, 뽑다 | **闷热** mēnrè 형 무덥다, 찌는 듯하다 | **光膀子** guāng bǎngzi 동 웃통을 벗다 | **忘情** wàngqíng 동 감정을 억제할 수 없다, 감정이 북받치다 | **雕琢** diāozhuó 동 조각하다 | **印章** yìnzhāng 명 인장, 도장 | **方** fāng 양 개, 장 [모난 물건을 세는 단위] | **蚌埠** Bèngbù 명 벙뿌, 방부 [중국 안후이성(安徽省)에 있는 지명]

　　"我是因为特别喜欢书法，后来才喜欢上篆刻的，书法和篆刻是相通的。"黄九西说。因为家境不好，黄九西初中毕业就回家干农活儿了，但他始终❶忘不掉❶学校教的书法课。

　　篆刻是一门花钱的艺术，好一点儿的石头、刻刀和印泥动辄上千元。黄九西用的都是最普通❷的材料，还有不少是老师送的。"我在工地上年收入五万，近两万都花在篆刻上。"

　　这些年，跟着❷名师学习，他的知名度也逐渐提高了。可每当有人想买他的印时❸，他总是摇手拒绝，"我刻得并不好，我只是喜欢干这个，要学的知识和技术还有很多，还不能靠这个赚钱。"

　　2005年，黄九西拜认平湖著名篆刻家、书法家张宏为师，由此开始了他的篆刻之路。在张宏眼里，这位农民工学生已经从"篆刻匠"一步步成长为了"篆刻家"，但学习仍然很刻苦。张宏说："只要有时间，他就会来找我，问我字体刻得怎么样，怎么布局，这些年来一直❶这样。"

书法 shūfǎ 명 서법, 서예 | 相通 xiāngtōng 동 상통하다, 서로 통하다 | 家境 jiājìng 명 가정 형편, 집안 형편 | 农活儿 nónghuór 명 농사일 | 始终 shǐzhōng 명 처음과 끝, 시종일관 | 刻刀 kèdāo 명 조각칼 | 印泥 yìnní 명 인주 | 动辄 dòngzhé 부 툭하면, 걸핏하면 | 普通 pǔtōng 형 보통이다, 일반적이다 | 名师 míngshī 명 유명한 스승 | 知名度 zhīmíngdù 명 지명도 | 摇手 yáoshǒu 동 손을 (좌우로) 흔들다 [거부·부정의 뜻을 나타냄] | 拒绝 jùjué 동 거절하다 | 靠 kào 동 기대다 | 赚钱 zhuànqián 동 돈을 벌다 | 拜认 bàirèn 동 일정한 의식을 차리어 의부(義父)·의모(義母)·스승으로 모시다(삼다) | 家 jiā 명 -가 [어떤 전문적인 학문(활동)에 종사하는 사람] | 匠 jiàng 명 -장이, -공 [기술을 가진 사람] | 仍然 réngrán 부 여전히 | 刻苦 동 노고를 아끼지 않다, 몹시 애를 쓰다 | 字体 zìtǐ 명 글자체 | 布局 bùjú 동 (작문·그림 따위를) 구성하다, 배열하다

为了学习书法和篆刻，黄九西过着紧巴巴^④的日子。"每年房租3800元，除掉女儿的学费，平时吃穿方面就要节省^③点儿。"最近，他还要准备中国人民大学画院的学费。

今年期末考试，女儿除了语文差一分满分，其他都是满分。黄九西最欣慰的就是女儿在耳濡目染之下也很喜欢书法。每天晚上，父女俩依偎在灯光下，一个篆刻、一个写字，有说有笑。

每天送女儿上下学，是父女俩倍感幸福的时光^④。

因为与妻子性格不合，多年来，黄九西一个人既当爹又当妈，独自抚养女儿长大。六年前，妻子出走，黄九西至今也不明白原因。有时，女儿会捧着妈妈的相片流泪。但懂事、听话的女儿说，她为有这样的爸爸而感到自豪。

紧巴巴 jǐnbābā 형 꼭 끼어 갑갑한 모양을 형용 | 房租 fángzū 명 집세, 임대료 | 学费 xuéfèi 명 등록금 | 节省 jiéshěng 동 절약하다 | 期末 qīmò 명 기말, 학기말 | 欣慰 xīnwèi 형 기쁘고 안심되다 | 耳濡目染 ěr'rú mùrǎn 항상 보고 들어서 익숙하고 습관이 되다 | 依偎 yīwēi 동 (다정히) 기대다 | 倍感 bèigǎn 동 더욱더 느끼다 | 时光 shíguāng 명 시기 | 不合 bùhé 서로 맞지 않다 | 爹 diē 명 아버지 [아버지의 옛말] | 出走 chūzǒu 동 떠나다, 도망가다 | 捧 pěng 동 두 손으로 받쳐들다 | 懂事 dǒngshì 형 철들다, 세상 물정을 알다 | 听话 tīnghuà 동 말을 잘 듣다 | 自豪 zìháo 형 자랑스럽다

黄九西自强不息的故事十分励志，他还因此
成为了当地"十佳新居民"候选人。

傍晚，走进黄九西的出租屋，就会看到这样
一幅画面：他趴在靠近门口的长板凳上，借着光
亮专心致志地刻着石头，女儿在一边认真地写着
作业。

这是黄九西每天最享受的时光❹。

（本文选编自 http://news.qq.com/original/oneday/2115.html，作者：储永志）

自强不息 zìqiáng bùxī 스스로 노력하여 게을리 하지 않다 ┃ **励志** lìzhì 동 스스로 분발하다 ┃ **当地** dāngdì 명 현지, 그 지방 ┃ **十佳** shíjiā 명 베스트 10 ┃ **候选人** hòuxuǎnrén 명 입후보자 ┃ **傍晚** bàngwǎn 명 저녁 무렵 ┃ **画面** huàmiàn 명 화면 ┃ **趴** pā 동 엎드리다 ┃ **板凳** bǎndèng 명 (길고 등받이가 없는) 나무 걸상 ┃ **光亮** guāngliàng 형 광택이 있다, 윤기가 흐르다

中国的书法和篆刻

　　汉字书法是中国特有的一种传统艺术形式。古代中国人开始时以图画记事，后来创造了汉字，起初用刀刻，后来又发明并开始使用毛笔书写，汉字书法便产生了。

　　中国书法常见的字体主要有篆书、隶书、楷书、草书和行书五种。篆书分为

篆书　　　　隶书　　　　楷书　　　　草书　　　　行书

特有 tèyǒu 形 특유하다, 고유하다 ｜ **记事** jìshì 동 일을 기록하다 ｜ **创造** chuàngzào 동 창조하다, 만들다 ｜ **刻** kè 동 새기다 ｜ **书写** shūxiě 동 (글을) 쓰다, 적다 ｜ **便** biàn 부 바로, 곧 ｜ **篆书** Zhuànshū 명 전서 [한자 서체(書體)의 하나] ｜ **隶书** Lìshū 명 예서 [진대(秦代)의 정막(程邈)이 전서를 간단하게 고친 서체] ｜ **楷书** Kǎishū 명 해서 [한자 서체의 하나로 예서에서 변한 것으로서 자형(字形)이 가장 방정(方正)함] ｜ **草书** Cǎoshū 명 초서 [한자 서체의 하나] ｜ **行书** Xíngshū 명 행서 [한자 서체의 하나] ｜ **直线** zhíxiàn 명 직선

大篆和小篆，直线较多；隶书横长直短，略微宽扁；楷书由隶书发展而来，横平竖直，是现在通行的汉字手写正体字；草书结构简省、笔画连绵，比较难认；行书是介于楷书和草书之间的字体，是最常用、最方便的手写体。

篆刻就是用刀在印材上按照已经写好的书法或画好的图像进行雕刻。它结合了中国的书法和雕刻艺术，至今已有三四千年的历史。篆刻最常用的是篆书字体。篆刻产生的艺术品叫印章。印章上的文字或图像向下凹的叫"阴文"，向上凸的叫"阳文"。在印面的左侧一般会用阴文刻上作者的姓名和刻印的年月。2009 年，中国的篆刻艺术入选联合国教科文组织人类非物质文化遗产代表作名录。

书法和篆刻都是中国古老的传统艺术，具有欣赏和实用的双重价值，在当代中国依然焕发着新的魅力，2008 年北京奥运会的 35 个体育图标设计就融入了篆书的字体特点。

阴文

阳文

横 héng 名 가로 ┃ 略微 lüèwēi 副 조금, 약간 ┃ 宽扁 kuānbiǎn 넓적하고 납작하다 ┃ 竖直 shùzhí 名 수직 ┃ 通行 tōngxíng 动 통용되다 ┃ 手写 shǒuxiě 动 손으로(손수) 쓰다 ┃ 简省 jiǎnshěng 动 줄이다, 간단히 하다 ┃ 连绵 liánmián 形 이어지다 ┃ 难认 nánrèn 알아보기 어렵다 ┃ 介于 jièyú 动 ~의 사이에 있다 ┃ 手写体 shǒuxiětǐ 名 필기체 ┃ 印材 yìncái 名 인재, 도장 새기는 재료 ┃ 雕刻 diāokè 名 动 조각(하다) ┃ 印章 yìnzhāng 名 인장, 도장 ┃ 凹 āo 形 오목하다 [가운데가 우묵하게 들어간 모양을 가리킴] ┃ 阴文 yīnwén 名 음문 [인장(印章)이나 그릇 따위에 음각(陰刻)한 글자 또는 무늬] ┃ 凸 tū 形 볼록하다, 볼록 튀어나오다, 두드러지다 ┃ 阳文 yángwén 名 양각(陽刻)한 글자 혹은 무늬 ┃ 刻印 kèyìn 动 새기다 ┃ 入选 rùxuǎn 动 뽑히다, 당선되다 ┃ 欣赏 xīnshǎng 动 마음에 들다 ┃ 双重 shuāngchóng 名 이중 [추상적인 것에 대해 많이 씀] ┃ 价值 jiàzhí 名 가치 ┃ 依然 yīrán 副 여전히 ┃ 焕发 huànfā 动 환하게 빛나다 ┃ 魅力 mèilì 名 매력 ┃ 融入 róngrù 动 융합되어 들어가다, 진출하다

UNIT
07

月嫂上岗记

　　二孩政策放宽后，月嫂成了越来越火的职业，为了免费学习月嫂技能，四十多岁的曹艳霞从抚顺来到沈阳。

月嫂上岗记

据媒体报道，北上广深等城市月嫂的月收入将超过 1.5 万元。为了给失业女性提供就业机会，辽宁省工会就业指导中心开设了免费的月嫂技能培训班。

月嫂 yuèsǎo 산후도우미 | 上岗 shànggǎng 동 일을 얻다, 일을 하다, 재직하다 | 二孩 èrhái 두 자녀 정책 [중국은 인구 과잉을 염려해 산아를 한 명으로 제한했던 산아제한 정책을 2016년부터 완화하여 두 자녀까지 둘 수 있도록 변경함] | 政策 zhèngcè 명 정책 | 放宽 fàngkuān 동 넓히다, 확장하다 | 火 huǒ 형 핫하다, 인기 있다 | 技能 jìnéng 명 기능, 솜씨 | 抚顺 Fǔshùn 명 푸순시, 무순시 [랴오닝성(辽宁省)에 있는 도시명] | 沈阳 Shěnyáng 명 선양시, 심양시 [랴오닝성(辽宁省)의 성도(省都)] | 媒体 méitǐ 명 매체 | 北上广深 Běi Shàng Guǎng Shēn 베이징(北京), 상하이(上海), 광저우(广州), 선전 (深圳)을 가리킴 | 收入 shōurù 명 수입 | 将 jiāng 부 ~일 것이다 | 超过 chāoguò 동 초과하다 | 失业 shīyè 동 실업하다 | 提供 tígōng 동 제공하다 | 就业 jiùyè 동 취업하다 | 辽宁 Liáoníng 명 랴오닝성 | 工会 gōnghuì 명 노동조합, 노조 | 指导 zhǐdǎo 동 지도하다, 이끌어주다 | 开设 kāishè 동 개설하다 | 培训班 péixùnbān 명 학원

一个多月前，四十多岁的曹艳霞从抚顺来到沈阳。一个拉杆箱、几件衣服、一个水杯和两千多元钱便是曹艳霞的全部"家当"。"上一次在教室里学习都是几十年前的事了，前不久刚买了笔和本子，又找到了学校的感觉。"曹艳霞感叹道[1]。

几十平米的教室内，坐着三十多名跟曹艳霞同龄的准月嫂。课堂上总是充满欢声笑语，这些"大龄"学生们的学习热情丝毫[2]不减。她们从四十多岁到六十多岁不等，有的伸着脖子望着黑板，有的戴着老花镜眯着眼睛在本子上做笔记。

拉杆箱 lāgǎnxiāng 명 캐리어 ┃ **家当** jiādàng 명 가재도구, 가구 ┃ **感叹** gǎntàn 동 감탄하다 ┃ **准** zhǔn 형 준하다, 그럴만한 자격이 있다 ┃ **欢声笑语** huānshēng xiàoyǔ 즐거운 노랫소리와 웃음소리 ┃ **丝毫** sīháo 명 극히, 조금 ┃ **伸** shēn 동 (신체 일부를) 내밀다, 뻗다 ┃ **脖子** bózi 명 목 ┃ **老花镜** lǎohuājìng 명 돋보기 ┃ **眯** mī 동 실눈을 뜨다, 눈을 가늘게 뜨다

"月嫂看❶似是照顾婴儿的简单工作，其实需要掌握❷很多专业知识。成为一名优秀❸的月嫂并不容易，除了要有足够的耐心和爱心以外，还要具备丰富的经验，既要能够手脚麻利地照顾婴儿，也要帮助产妇尽快❸恢复身材，同时又能做出营养美味的月子餐。"就业指导中心的冯老师时常叮嘱这群准月嫂们。

婴儿 yīng'ér 명 영아, 젖먹이, 갓난애 ｜ 掌握 zhǎngwò 동 장악하다, 마스터하다 ｜ 足够 zúgòu 형 충분하다 ｜ 耐心 nàixīn 형 참을성이 있는 ｜ 具备 jùbèi 동 갖추다, 구비하다 ｜ 麻利 máli 형 날래다, 민첩하다 ｜ 产妇 chǎnfù 명 산모 ｜ 尽快 jǐnkuài 부 최대한 빨리 ｜ 恢复 huīfù 동 회복하다 ｜ 身材 shēncái 명 몸매 ｜ 营养 yíngyǎng 명 영양 ｜ 月子餐 yuèzicān 산후식, 산모식 ｜ 叮嘱 dīngzhǔ 동 신신당부하다

"虽然我是当过妈的人，但真要是较真地问我究竟❹什么方法是对的，什么方法是错的，不来这里学习的话还真不知道。以前都是听老人说的，现在知道有些还是需要科学依据的。"曹艳霞说。

"我刚刚通过了第十期妇婴护理资格证书考试，接下来将走上工作岗位，去为更多家庭服务。我希望将来在家乡开一个家政公司，我也可以创业，让村里更多的邻居赚钱。"曹艳霞满怀憧憬。

（本文选编自 http://news.qq.com/original/oneday/2194.html，作者：孙琳）

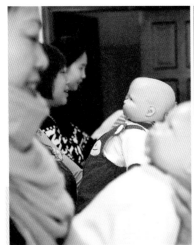
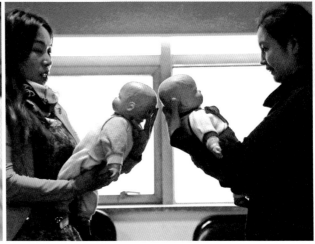

較真 jiàozhēn 통 정말로 여기다, 진담으로 여기다 | 究竟 jiūjìng 부 도대체, 결국, 아무래도 | 依据 yījù 명 근거 | 妇婴 fùyīng 명 산모와 젖먹이 | 护理 hùlǐ 통 보살피다 | 资格证书 zīgé zhèngshū 자격증명서 | 岗位 gǎngwèi 명 직책, 본분 | 家政 jiāzhèng 명 가정, 가사의 관리 | 创业 chuàngyè 통 사업을 시작하다, 창업하다 | 憧憬 chōngjǐng 명 동경

坐月子与月嫂

　　坐月子是指妇女在分娩后一个月内进行休息调养，它的历史可以追溯至西汉，距今已有两千多年，是中国民间流传的产后必需的仪式性行为❹。中医认为，产后女性的身体处在"血不足，气亦虚"的状态，因此需要一段时间的调理和恢复，不然会对女性的身体造成终身的影响。因此，在中国民间流传着一些略显夸张的坐月子禁忌，比如不能洗头洗澡、不能刷牙、不能多走动、要静养等等。其中的许多民间禁忌，从今天的现代医学角度看来，都是不科学的，甚至是有害身体健康的。越来越多的年轻产妇也不再一味迷信禁忌，而是更加科学、合理地进行产后身体恢复。

坐月子 zuò yuèzi 몸을 풀다, (한 달간) 산욕(기)에 들다 ┃ 妇女 fùnǚ 명 부녀자, 성인여성 ┃ 分娩 fēnmiǎn 동 아기를 낳다, 분만하다, 출산하다 ┃ 调养 tiáoyǎng 동 몸조리하다 ┃ 追溯 zhuīsù 동 시간을 거슬러 올라가다 ┃ 民间流传 mínjiān liúchuán 민간 유전 ┃ 仪式 yíshì 명 의식 ┃ 行为 xíngwéi 명 행위 ┃ 虚 xū 형 공허하다, 비어 있다 ┃ 状态 zhuàngtài 명 상태 ┃ 调理 tiáolǐ 동 돌보다, 관리하다 ┃ 终身 zhōngshēn 명 일생, 평생 ┃ 略显 lüèxiǎn 약간 ┃ 夸张 kuāzhāng 동 과장하다 ┃ 禁忌 jìnjì 명 금기 ┃ 静养 jìngyǎng 동 요양하다, 휴양하다 ┃ 一味 yíwèi 부 그저, 줄곧, 덮어놓고 ┃ 迷信 míxìn 명 미신, 맹목적인 숭배

　　正是由于中国这种坐月子的传统，月嫂应运而生了。月嫂是指专门护理产妇与新生儿的女性家政服务人员。不同于一般的家政人员，通常情况下，月嫂的工作集保姆、护士、厨师、保洁员的工作于一身，服务时间通常是二十四小时，且大多数月嫂是在客户家里提供服务的。在京津等地，月嫂的月薪一般在六千到一万五千元人民币之间，上海、深圳、香港等地的金牌月嫂月收入上万非常正常，这也是很多中年女性选择月嫂作为职业的重要原因。2016年，中国"全面二孩"政策的正式实施间接影响了市场对月嫂的需求量，月嫂人数呈大幅上升趋势。

应运而生 yìngyùn érshēng 기회와 시운에 따라 생겨나다 ｜ 产妇 chǎnfù 명 산모 ｜ 新生儿 xīnshēng'ér 명 신생아 ｜ 保姆 bǎomǔ 명 가정부, 보모 ｜ 保洁员 bǎojiéyuán 명 환경미화원, 청소부 ｜ 京津 Jīng Jīn 베이징시(北京市)와 톈진시(天津市) ｜ 月薪 yuèxīn 명 월급 ｜ 金牌 jīnpái 명 (운동 경기 따위의) 금메달 ｜ 上万 shàngwàn 동 만이 넘다 ｜ 全面二孩 quánmiàn èrhái 두 자녀 정책 [중국은 인구과잉을 염려해 산아를 한 명으로 제한한 정책을 2016년부터 완화하여 두 자녀까지 둘 수 있도록 변경함] ｜ 实施 shíshī 동 실시하다 ｜ 需求量 xūqiúliàng 명 수요량, 필요량 ｜ 大幅 dàfú 형 광폭의, 대폭의 ｜ 上升 shàngshēng 동 상승하다 ｜ 呈 chéng 동 나타내다, 드러내다 ｜ 趋势 qūshì 명 추세, 경향

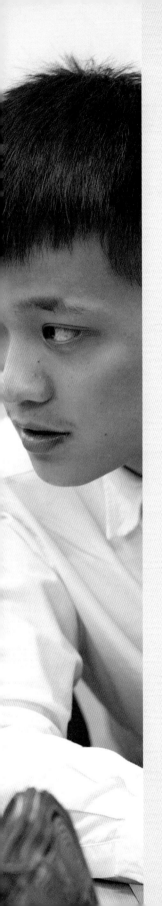

HSK **6** 级

UNIT
08

新疆小伙儿留学俄罗斯

　　王维是正在俄罗斯新西伯利亚国立师范大学学习的交换生，出生在新疆伊犁，他很喜欢多元文化融合的环境。中俄经济的互补性、"一带一路"倡议、新疆伊犁的边贸经济前景都让王维对自己的前途充满信心。

新疆小伙儿留学俄罗斯

　　王维是新疆大学俄语专业大三的学生，今年九月作为**交换❶**生来到俄罗斯新西伯利亚国立师范大学就读。他说很多同龄人希望到大城市求学，**其实❶**他觉得在哪里上学不重要，重要的是学到东西，在以后的工作和生活中能学以致用。

新疆 Xīnjiāng 명 신장 [新疆维吾尔自治区(신장 위구르 자치구)를 가리킴] ｜ 新西伯利亚 Xīnxībólìyà 노보시비르스크 (Novosibirsk) [러시아 시베리아 서부의 공업 도시명] ｜ 交换生 jiāohuànshēng 명 교환학생 ｜ 伊犁 Yīlí 명 이리 [신장 위구르 자치구 서북부에 있는 도시명] ｜ 融合 rónghé 동 융합하다 ｜ 互补性 hùbǔxìng 상호 보완성 ｜ 一带一路 Yídài yílù 일대 일로 [육상·해상의 新실크로드로, 新실크로드 경제권(丝绸之路经济带)과 21세기 해상 실크로드(21世纪海上丝绸之路)의 줄임말] ｜ 倡议 chàngyì 명 동 제안(하다), 제의(하다) ｜ 边贸 biānmào 명 국경 무역 [국경 양쪽의 기업이나 주민 사이에 행해지는 무역] ｜ 前景 qiánjǐng 명 전망, 장래 ｜ 前途 qiántú 명 앞날, 미래 ｜ 充满 chōngmǎn 형 충만하다, 가득하다 ｜ 俄语 Éyǔ 명 러시아어 ｜ 同龄人 tónglíngrén 명 동년배, 동갑 ｜ 求学 qiúxué 동 학교에서 공부하다 ｜ 学以致用 xuéyǐ zhìyòng 배운 것을 실제로 활용하다

新西伯利亚国立师范大学的学费每年 7.5 万卢布（约合 7610 元人民币），保险费 2.5 万卢布（约合 2530 元人民币），住宿费每月 1100 卢布（约合 111 元人民币）。大学食堂的俄餐吃不惯[2]，中国学生更多时候在公共厨房做中餐。

王维在家是独子，从来不操心衣食住行的事情，但是来到学校的第二天，他就和同学们一起办理了附近超市的打折卡，购买了一些生活必需品。

王维出生在新疆伊犁，从小就很喜欢多元文化融合的环境。在俄罗斯，处处[3]都能接触到不同的文化和风俗，这也是他决定到这里做交换[1]生的原因[2]。

今年 10 月 1 日，王维和学习汉语的俄罗斯学生一起排演节目，共同庆祝中国国庆节。

学费 xuéfèi 명 등록금 | **卢布** lúbù 명 루블(rouble) [러시아의 화폐 단위] | **保险费** bǎoxiǎnfèi 명 보험료 | **住宿费** zhùsùfèi 명 숙박비 | **独子** dúzǐ 명 독자, 외아들 | **操心** cāoxīn 동 신경 쓰다, 걱정하다 | **购买** gòumǎi 동 사다 | **必需品** bìxūpǐn 명 필수품 | **处处** chùchù 명 도처에, 어디든지 | **接触** jiēchù 동 접촉하다 | **排演** páiyǎn 동 무대 연습을 하다, 리허설을 하다 | **国庆节** Guóqìng Jié 명 (중국의) 국경절, 건국기념일

王维性格❸外向，特别喜欢搞怪、拍照和运动。一曲合唱的《康定情歌》，配上俄罗斯女生的舞蹈，赢得了大家的一片掌声。通过演出，王维也和当地同学建立了联系❹，加深了感情。

10月2日，大连外国语大学艺术团要来学校演出，海报早早就贴了出来。除了新疆大学和新疆师范大学，大连外国语大学也有十名学生在这里做交换❶生。

外向 wàixiàng 형 외향적이다 ｜ 搞怪 gǎoguài 동 방정을 떨다, 망가지다 ｜ 合唱 héchàng 동 합창하다 ｜ 配上 pèishàng 끼워 넣다, 곁들이다 ｜ 舞蹈 wǔdǎo 명 춤 ｜ 赢得 yíngdé 동 얻다, 획득하다 ｜ 掌声 zhǎngshēng 명 박수소리 ｜ 建立 jiànlì 동 세우다, 건립하다 ｜ 加深 jiāshēn 동 깊어지다, 심화하다 ｜ 艺术团 yìshùtuán 명 예술단 ｜ 海报 hǎibào 명 포스터

Lisa在今年年初到新疆大学交流❶学习时认识了王维，王维带Lisa跑遍❹了乌鲁木齐的大街小巷。现在，Lisa在新西伯利亚国立师范大学读意大利语专业，他们是关系❹非常好的朋友。

俄罗斯老师给王维起了一个俄语名字"瓦洛佳"，发音和他汉语名字第一个字相似。王维说这个名字和普京的小名是一样的。

王维最崇拜的是做同声翻译的人，在哪个领域都有顶尖的高手，他希望自己也能成为其中之一。中俄经济的互补性、"一带一路"倡议、新疆伊犁的边贸经济前景都让王维对自己的前途充满信心。

（本文选编自 http://news.qq.com/original/oneday/2121.html，作者：张新民）

跑遍 pǎobiàn 뛰어다니다, 돌아다니다 ｜ 乌鲁木齐 Wūlǔmùqí 우루무치(Urumchi) [신장 위구르 자치구의 성도(省都)] ｜ 大街小巷 dàjiē xiǎoxiàng 큰길과 작은 골목, 온갖 길 ｜ 意大利语 Yìdàlìyǔ 명 이탈리아어 ｜ 发音 fāyīn 명 발음 ｜ 相似 xiāngsì 형 비슷하다 ｜ 普京 Pǔjīng 명 블라디미르 푸틴 [Vladimir Putin, 러시아 대통령] ｜ 小名 xiǎomíng 명 어릴 때 부르던 이름 ｜ 崇拜 chóngbài 동 숭배하다 ｜ 同声翻译 tóngshēng fānyì 명 동시통역 ｜ 顶尖 dǐngjiān 형 최고의 ｜ 高手 gāoshǒu 명 고수, 달인

出国留学热

  1978~2000 年是中国留学教育的鼎盛时期。在 20 世纪中国留学史上，这个时期是出国留学人数最多、留学地域最广、留学专业门类最全、国家对留学教育最为重视的一段时期。在这 22 年间，中国出国留学人数总计达 30 多万，留学地域遍及 100 多个国家和地区，留学专业几乎涵盖所有自然科学和社会科学的学科门类。其中，已有 10 多万人学成归国，正在中国的各个领域发挥着积极作用。

  与改革开放最初数年相比，当今中国的留学教育政策已日趋规范化和法制化。20 世纪 80 年代曾经席卷中国大地的出国留学热潮，逐渐呈现出淡化和冷化的趋势。这表明当代中国的留学教育在经过 20 余年的摸索和实践后，已日趋成熟并进入良性循环的轨道。

热 rè 몡 열기, 유행, 붐(boom) ｜ **鼎盛** dǐngshèng 몡 바야흐로 한창 흥성하다 ｜ **地域** dìyù 몡 지역 ｜ **门类** ménlèi 몡 부문, 분류 ｜ **重视** zhòngshì 몡통 중시(하다), 중요시(하다) ｜ **总计** zǒngjì 몡 총계, 합계 ｜ **达** dá 통 도달하다, 이르다 ｜ **遍及** biànjí 통 두루 미치다, 골고루 퍼지다 ｜ **涵盖** hángài 통 포괄하다, 포함하다 ｜ **归国** guīguó 통 귀국하다 ｜ **发挥** fāhuī 통 발휘하다 ｜ **积极** jījí 몡 적극적이다 ｜ **改革开放** gǎigé kāifàng 개혁 개방 ｜ **政策** zhèngcè 몡 정책 ｜ **日趋** rìqū 뿐 날로, 나날이, 더욱 ｜ **规范化** guīfànhuà 통 규범화하다 ｜ **席卷** xíjuǎn 통 석권하다, 휩쓸다 ｜ **热潮** rècháo 몡 (최)고조, 붐(boom) ｜ **呈现** chéngxiàn 통 나타나다, 양상을 띠다 ｜ **淡化** dànhuà 통 (관념·인식 등이) 희미해지다 ｜ **趋势** qūshì 몡 추세, 경향 ｜ **摸索** mōsuo 통 (방법·경험·요령 따위를) 모색하다 ｜ **实践** shíjiàn 몡 실천, 실행 ｜ **成熟** chéngshú 몡 성숙하다 ｜ **循环** xúnhuán 몡 순환 ｜ **轨道** guǐdào 몡 궤도, 선로

　　教育部统计数据显示，2015年中国出国留学总人数52.37万，比2014年增长了13.9%。近年来，本科及以下学历出国就读人数增长迅猛，且低龄化趋势明显，硕士留学人数在出国留学总人数中所占比例明显下降，高中毕业参加"洋高考"赴海外上大学的学生人数则逐年递增。

　　这波低龄留学热潮的学生家长构成，已经不像上世纪末、本世纪初以富人、官员和知识精英家长为主，现在，普通工薪阶层也占有相当大的比例；学生也不是成绩不够优异不能被一本院校录取才选择出国留学，相反，相当比例的学生是曾经就读国内著名高中的尖子生。

数据 shùjù 명 데이터, 통계 수치 ┃ **迅猛** xùnměng 형 빠르고 맹렬하다. 날쌔고 사납다 ┃ **低龄化** dīlínghuà 명 저령화 ┃ **明显** míngxiǎn 형 뚜렷하다, 분명하다 ┃ **硕士** shuòshì 명 석사 ┃ **比例** bǐlì 명 비례, 비율 ┃ **下降** xiàjiàng 동 떨어뜨리다 ┃ **赴** fù 동 (~로) 가다, 향하다 ┃ **逐年** zhúnián 부 해마다, 매년 ┃ **递增** dìzēng 동 점점 늘다, 점차 증가하다 ┃ **波** bō 양 차례, 회 ┃ **精英** jīngyīng 명 걸출한(뛰어난) 사람, 엘리트 ┃ **工薪阶层** gōngxīn jiēcéng 명 샐러리맨 계층 ┃ **优异** yōuyì 형 특히 우수하다 ┃ **录取** lùqǔ 동 (시험으로) 채용하다, 합격시키다 ┃ **尖子生** jiānzisheng 최우수 학생

UNIT
09

毕业，
带着小伙伴们创业

初夏时节，即将毕业的大学生们留下在校园里的最后影像。他们刚刚准备要踏入社会，而嘉兴学院的亓会文，此时已经注册了两家自己的公司。

Real READING

毕业，带着小伙伴们创业

　　1992年出生的亓会文是山东人。一年前，他带领着几个同学成立了嘉兴红蚂蚁网络科技有限公司，专门做微信公众平台的开发和管理。公司目前管理着一百多个单位和企业账号的日常运营。

　　亓会文从大一开始就决定要创业。微信在中国火了以后❶，小亓发现了这个商机。2014年4月，他带着几个同学一起成立了公司，办公地点是学校提供的创业园中的一间办公室。

时节 shíjié 명 때 ｜ **影像** yǐngxiàng 명 영상 ｜ **踏入** tàrù 들단하다, 뛰어들다 ｜ **注册** zhùcè 명 동 (관련 기관·단체·학교 등에) 등기(하다), 등록(하다) ｜ **山东** Shāndōng 명 산둥성, 산동성 ｜ **带领** dàilǐng 동 인솔하다, 이끌다 ｜ **成立** chénglì 동 창립하다, 성립되다 ｜ **有限公司** yǒuxiàngōngsī 유한회사, 주식회사 ｜ **微信** Wēixìn 위챗 [wechat, 중국의 무료채팅어플] ｜ **平台** píngtái 명 플랫폼 ｜ **账号** zhànghào 명 계좌번호 ｜ **运营** yùnyíng 명 운영, 영업 ｜ **创业** chuàngyè 동 창업하다 ｜ **商机** shāngjī 명 상업 기회 ｜ **成立** chénglì 동 설치하다, 창립하다 ｜ **办公** bàngōng 동 근무하다, 집무하다 ｜ **创业园** chuàngyèyuán 창업단지

嘉兴学院创业园三楼的这间小办公室就是亓会文的公司，一张不起眼的公司简介挂在门口。

小亓买服务器，跟技术大神修改源码，跑客户，加入嘉兴市电子商务行业协会和山东商会，向成熟的公司取经……"这是一个蚂蚁与大象共舞的时代❷，虽然我们蚂蚁很不起眼，但是只要我们蚂蚁们团结❸，就能❶战胜大象。"小亓解释给公司取名叫"红蚂蚁"的原因。"现在公司有十八只蚂蚁，全职的有五只，其他都是还未❷毕业的学弟学妹们。"小亓说。

不起眼 bùqǐyǎn 눈에 차지 않다, 보잘것없다 ｜ 简介 jiǎnjiè 명 간단한 설명, 간단한 소개 ｜ 服务器 fúwùqì 명 서버 ｜ 大神 dàshén 명 장인, 잘하는 사람 ｜ 源码 yuánmǎ 소스 코드 ｜ 商务 shāngwù 명 비즈니스 ｜ 行业 hángyè 명 직종, 업종 ｜ 协会 xiéhuì 명 협회 ｜ 商会 shānghuì 명 상인단체, 상업연합회 ｜ 成熟 chéngshú 형 성숙하다 ｜ 取经 qǔjīng 동 남의 경험을 배워오다 ｜ 蚂蚁 mǎyǐ 명 개미 ｜ 大象 dàxiàng 명 코끼리 ｜ 共舞 gòngwǔ 함께 춤을 추다 ｜ 团结 tuánjié 동 단결하다 ｜ 战胜 zhànshèng 동 싸워서 이기다 ｜ 解释 jiěshì 동 해명하다, 해석하다 ｜ 取名 qǔmíng 동 이름을 짓다 ｜ 全职 quánzhí 형 전담의 ｜ 学弟学妹 xuédì xuémèi 후배

在大家为毕业而欢呼、为工作而焦急的复杂时期，亓会文又**❸**注册了第二家公司——嘉兴黄鼠狼电子商务有限公司，一家利用网络销售土鸡蛋的公司。5月22日晚，亓会文早早地来到嘉兴市电子商务行业协会会员单位聚餐现场，在这里，亓会文的年龄最小，小亓说："在他们面前，我是晚辈，很多问题需要向长辈们讨教。"

欢呼 huānhū 动 환호하다 ｜ 焦急 jiāojí 형 초조하다, 애타다 ｜ 复杂 fùzá 형 복잡하다 ｜ 注册 zhùcè 동 설립하다 ｜
土鸡蛋 tǔjīdàn 명 토종란 [토종닭이 낳은 달걀] ｜ 聚餐 jùcān 동 회식하다 ｜ 晚辈 wǎnbèi 명 후배, 손아랫사람 ｜ 讨教
tǎojiào 동 가르침을 청하다, 지도를 요구하다

亓会文用两个多月的时间跑遍了嘉兴五县两区几乎所有的养鸡场，寻找最健康的土鸡，寻觅最优质的土鸡蛋货源。他还来到一个学长的农场中考察，学长的养殖理念和鸡蛋的品质让亓会文很满意。

亓会文骑着电动车带回十几枚土鸡蛋，让小伙伴们品尝后决定要不要作为货源。

亓会文这套正装是从网上买的，这是他的第一套正装，小亓说以后❶穿它的机会很多。再过几个月，小亓的公司将搬到青年创业中心，"创业路上，学校、青创中心、电子商务协会、山东商会都给了我很大的帮助❹，我会在嘉兴打好基础，说不定❹三年后，我的公司会走出嘉兴，搬到上海或者杭州去呢。"小亓对未来信心满满。

（本文选编自 http://news.qq.com/original/oneday/1988.html，作者：王振宇）

养鸡场 yǎngjīchǎng 명 양계장 ┃ 寻找 xúnzhǎo 동 찾다 ┃ 寻觅 xúnmì 동 찾다 ┃ 货源 huòyuán 명 화물이나 상품의 공급원 ┃ 学长 xuézhǎng 명 선배, 학생대표 ┃ 考察 kǎochá 동 현지 조사하다, 시찰하다 ┃ 养殖 yǎngzhí 동 양식하다 ┃ 理念 lǐniàn 명 이념 ┃ 电动车 diàndòngchē 명 전동차, 스쿠터 ┃ 枚 méi 양 개 [주로 형체가 작고 동글납작한 물건을 세는 단위] ┃ 正装 zhèngzhuāng 명 정장 ┃ 基础 jīchǔ 명 토대, 기초 ┃ 杭州 Hángzhōu 명 항저우, 항주

大学生创业难题多

近年来，大学生自主创业逐渐引起了中国社会各方面的关注。国务院、各地政府部门、高校以及金融机构都在不断推出各种有助于大学生自主创业的优惠政策。但是，中国大学生自主创业仍然面临很多难题。

有调查显示，缺少资金是中国大学生自主创业的一大难题。在2012年自主创业的大学生中，创业资金的60%左右来源于父母和亲友，25%左右来源于自己的积蓄和银行贷款，而由政府提供的创业资金和优惠贷款仅占1%左右。除了资金问题，另一个不容忽视的问题是中国大学生自主创业的领域相对来说比较低端。由于缺乏销售和管理方面的知识与经验，自主创业的大学

难题 nántí 명 풀기 어려운 문제, 난제 | 逐渐 zhújiàn 부 점차, 점점 | 引起 yǐnqǐ 동 일으키다 | 关注 guānzhù 동 관심을 갖다 | 金融 jīnróng 명 금융 | 机构 jīgòu 명 기구 | 不断 búduàn 부 부단히, 계속해서 | 推出 tuīchū 동 내놓다, 선보이다 | 有助于 yǒuzhùyú ~에 도움이 되다 | 自主 zìzhǔ 형 자주적인 | 优惠 yōuhuì 형 특별 대우하다 | 政策 zhèngcè 명 정책 | 仍然 réngrán 부 여전히 | 面临 miànlín 동 직면하다 | 显示 xiǎnshì 동 보여주다, 드러내다 | 缺少 quēshǎo 동 부족하다 | 资金 zījīn 명 자금 | 来源于 láiyuányú ~에서 기원하다 | 积蓄 jīxù 동 저축하다, 축적하다 | 贷款 dàikuǎn 동 대출하다 | 政府 zhèngfǔ 명 정부 | 资金 zījīn 명 자금 | 忽视 hūshì 동 소홀히 하다, 홀시하다 | 低端 dīduān 형 등급이 낮은 | 缺乏 quēfá 동 부족하다

生往往选择那些规模小、成本低、技术含量不高的项目。因此，他们不仅难以吸引到风险投资，而且他们的长远发展也受到了阻碍。另外，和世界大学生自主创业的成功率相比，中国大学生自主创业的成功率还有待提高。

由此可见，中国大学生在自主创业的过程中仍然面临很多难题。如果想要自主创业，大学生们必须具有坚定的决心和勇气。

规模 guīmó 명 규모 | **成本** chéngběn 명 원가 | **技术** jìshù 명 기술 | **含量** hánliàng 명 함량 | **项目** xiàngmù 명 사업 | **难以** nányǐ 형 ~하기 어렵다 | **风险** fēngxiǎn 명 위험 | **投资** tóuzī 동 투자하다 | **阻碍** zǔ'ài 명 방해, 지장 | **有待** yǒudài 동 기다리다, 기대하다 | **由此可见** yóucǐ kějiàn 이로부터 알 수 있다 | **具有** jùyǒu 동 가지다, 구비하다 | **坚定** jiāndìng 형 결연하다, 굳다, 꿋꿋하다 | **决心** juéxīn 명 결심

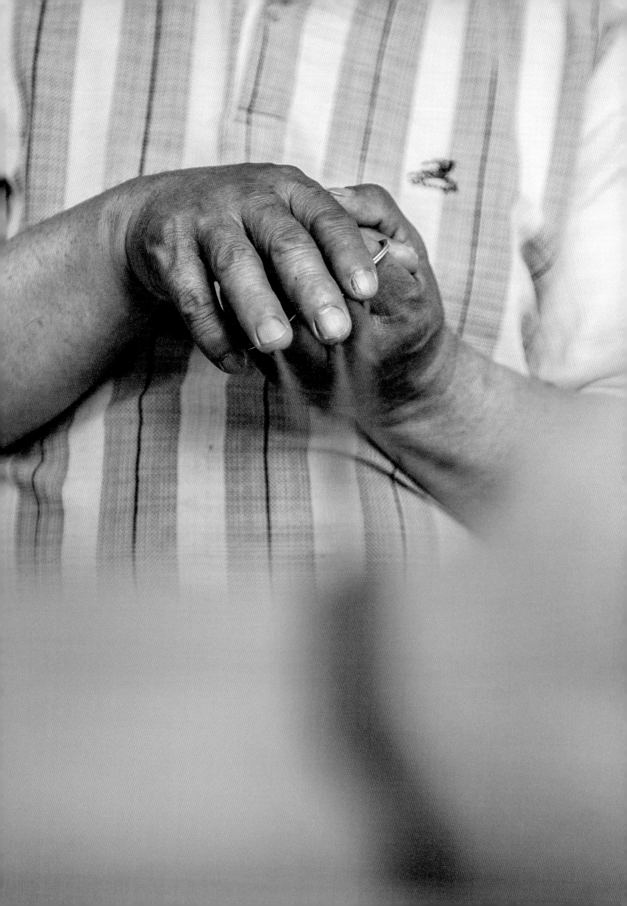

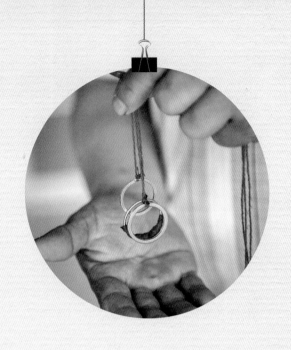

HSK
6级

UNIT
10

悬丝诊脉

　　51岁的刘玉柱自学了"望闻问切"的中医诊断方
法，还"复活"了传说中的"悬丝诊脉"，免费给人
把脉，提供养生建议。

悬丝诊脉

　　51岁的沈阳居民刘玉柱不仅自学了"望闻问切"的中医诊断方法，而且还"复活"了传说中的"悬丝诊脉"。

　　刘玉柱多次在街头展示"悬丝诊脉"，很多人都好奇尝试。刘玉柱说，自从❶一年前他自认为手法成熟后，便开始通过展示诊脉的方式磨练自己。

悬丝诊脉 xuánsī zhěnmài 명 사맥(丝脉)을 보다 ｜ **望闻问切** wàng wén wèn qiè 4진(四诊) [환자의 병세를 보고, 듣고, 묻고, 맥을 짚어보는 것] ｜ **中医** Zhōngyī 명 중국 의학 ｜ **诊断** zhěnduàn 동 진단하다 ｜ **复活** fùhuó 명 동 부활(하다), 소생(하다) ｜ **免费** miǎnfèi 동 무료로 하다 ｜ **把脉** bǎmài 동 맥을 짚다, 진맥하다 ｜ **自学** zìxué 동 독학하다 ｜ **街头** jiētóu 명 길거리 ｜ **展示** zhǎnshì 동 보이다, 펼쳐보이다 ｜ **好奇** hàoqí 형 호기심을 갖다, 궁금하게 생각하다 ｜ **手法** shǒufǎ 명 기술, 수법 ｜ **成熟** chéngshú 형 성숙하다 ｜ **磨练** móliàn 동 연마하다, 단련하다

刘玉柱的"悬丝诊脉"是将三根红丝线通过三个金属环钩在左手指上，右手三根手指悬在丝线上感受对方的脉搏。

　　三个金属环和三根红线构成了刘玉柱的**主要**[1]作业工具。有专家表示，"悬丝诊脉"理论上可行，就像对地震波的测量可以通过精密仪器，也可以用立个酒瓶子这种土办法，但是哪种效果好显而易见。**既然**[2]直接把脉比[3]"悬丝诊脉"更**准确**[2]有效，那为什么还要多此一举呢？

　　这是因为古代男女授受不亲，"悬丝诊脉"可以把丝线一头搭在女病人手腕上，另一头由医生掌握，医生必须[4]凭借从丝线传来的手感猜测、感觉脉象，诊断疾病。

根 gēn 양 개, 가닥, 대 ｜ **丝线** sīxiàn 명 견사, 실 ｜ **金属** jīnshǔ 명 금속 ｜ **环** huán 명 고리 [고리 모양으로 둥글게 생긴 물건] ｜ **钩** gōu 동 걸다 ｜ **手指** shǒuzhǐ 명 손가락 ｜ **脉搏** màibó 명 맥박 ｜ **构成** gòuchéng 동 구성하다 ｜ **作业** zuòyè 동 작업하다 ｜ **理论** lǐlùn 명 이론 ｜ **地震波** dìzhènbō 명 지진파 ｜ **测量** cèliáng 명 측량 ｜ **精密** jīngmì 형 정밀하다, 세밀하다 ｜ **仪器** yíqì 명 측정 기구 [측량·제도 또는 물리 화학 실험용 각종 기구의 총칭] ｜ **土** tǔ 형 재래식의, 전래의 ｜ **显而易见** xiǎn'éryìjiàn 똑똑히 보이다. 명백히 알 수 있다 ｜ **既然** jìrán 접 ~한 바에, ~한 이상 ｜ **准确** zhǔnquè 형 정확하다 ｜ **多此一举** duōcǐ yìjǔ 부질없는 짓을 하다 ｜ **男女授受不亲** nánnǚ shòushòu bùqīn 남녀 사이에 직접 물건을 주고 받지 않는다 ｜ **头** tóu 명 끝부분 ｜ **搭** dā 동 걸다, 걸치다 ｜ **手腕** shǒuwàn 명 손목 ｜ **掌握** zhǎngwò 동 쥐다, 잡다 ｜ **凭借** píngjiè 동 ~을 기반으로 하다, ~에 근거하다 ｜ **手感** shǒugǎn 명 손의 감촉 ｜ **猜测** cāicè 동 추측하다 ｜ **脉象** màixiàng 명 맥의 상태, 병세

然而，在正宗医学典籍中并没有关于"悬丝诊脉"的记载。专家称，如今的中医门诊不允许使用"悬丝诊脉"。中医诊断的第一原则就是"四诊合参"，要求医生临床诊疗时要综合运用❸望闻问切四种方法，全面收集各种临床信息，以增加诊疗的准确❷性。

刘玉柱说，给人把脉是为了给出养生建议，接受者诊脉后最好去医院，用仪器测一下，再参考把脉结果。因为他不是医生，所以不看病，只是给养生建议。

医学 yīxué 명 의학 | **典籍** diǎnjí 명 전적 | **记载** jìzǎi 동 기재하다, 기록하다 | **门诊** ménzhěn 명 진료, 진찰 | **允许** yǔnxǔ 동 허락하다, 허가하다 | **临床** línchuáng 명 임상 | **诊疗** zhěnliáo 동 진료하다 | **收集** shōují 동 수집하다 | **养生** yǎngshēng 동 양생하다, 보양하다 | **建议** jiànyì 명 건의, 제안 | **测** cè 동 측정하다, 재다

刘玉柱其实是一名地地道道的农民，他生活在沈阳的一个农村，这里的一草一木见证了他的一切。地里的各种农活儿他都不在话下。

他像许多农民一样，过着日出而作，日落而息的日子。

刘玉柱喜欢看电视，不外出"悬丝诊脉"，也不下地干农活儿时，他就打开电视看看自己喜欢的电视节目。

专家称，"悬丝诊脉"在古代是不得已而为之，如今使用有故弄玄虚的嫌疑。但刘玉柱说，只要❹有家人的支持和陪伴，他就很满足。

（本文选编自 http://news.qq.com/original/oneday/1974.html，作者：王齐波）

地地道道 dìdìdàodào 形 명실상부한, 순수한, 진짜인 ┃ 一草一木 yīcǎo yīmù 일초일목, 풀 한 포기 나무 한 그루 ┃ 见证 jiànzhèng 동 증명하다, 증거를 댈 수 있다 ┃ 一切 yíqiè 명 모든 것 ┃ 不在话下 búzàihuàxià 더 말할 나위가 없다, 문제가 되지도 않는다 ┃ 日出而作，日落而息 rìchū érzuò, rìluò érxī 해가 뜨면 일하고, 해가 지면 쉬다 ┃ 外出 wàichū 동 외출하다 ┃ 下地 xiàdì 동 밭으로 나가다 ┃ 不得已而为之 bùdéyǐ érwéizhī 부득이하게 저지르다 ┃ 故弄玄虚 gùnòng xuánxū 고의로 교활한 술수를 부리다 ┃ 嫌疑 xiányí 명 혐의, 의심 ┃ 陪伴 péibàn 동 동반하다, 수행하다

中医

　　中医，也称汉医，起源并形成于中国，至今已有数千年的历史。它和藏医、蒙医、维医、傣医等中国少数民族医学一起在中国的医学史上扮演了重要❶角色。

　　扁鹊、华佗、张仲景、李时珍等都是中国历史上的名医。

　　望闻问切"四诊合参"是中医的传统诊断方法，中药、针灸、拔罐、推拿等则是常见的中医治疗手段。

　　中药的来源大多是植物，也有一些动物和矿物。中国中药行业最著名的老字号是创立于1669年的北京同仁堂。中医认为"药食同源"，因此会把很多食物制成药，提倡通过饮食达到养生、治病的目的。针灸是指两种治疗方法，"针"是指用针具刺激人体特定部位，"灸"多指用燃烧后的艾草温灼人体特定部位。

起源 qǐyuán 동 기원하다 ｜ **形成** xíngchéng 동 형성하다 ｜ **藏医** Zàngyī 명 티베트족(藏族)의 전통 의학 ｜ **蒙医** Měngyī 명 몽골족(蒙古族)의 전통 의학 ｜ **维医** Wéiyī 위구르족(维吾尔族)의 전통 의학 ｜ **傣医** Dǎiyī 태족(傣族)의 전통 의학 ｜ **扮演** bànyǎn 동 ～의 역을 맡아 하다, 출연하다 ｜ **角色** juésè 명 배역 ｜ **扁鹊** Biǎnquè 편작 [기원전 407-310, 중국 전국(战国)시대의 의학자] ｜ **华佗** Huàtuó 화타 [141-203년, 한(汉)대의 명의] ｜ **张仲景** Zhāng Zhòngjǐng 명 장중경 [150-219, 중국 동한(东汉)시대의 의학자] ｜ **李时珍** Lǐ Shízhēn 이시진 [1518-1593, 중국 명(明)대의 의학자] ｜ **名医** míngyī 명 명의 ｜ **针灸** zhēnjiǔ 명 침질과 뜸질 ｜ **拔罐** báguàn 명 부항 ｜ **推拿** tuīná 안마, 지압 ｜ **植物** zhíwù 명 식물 ｜ **矿物** kuàngwù 명 광물 ｜ **老字号** lǎozìhào 명 역사가 깊고 전통이 있는 상점 [중국 상무부(商务部)의 중화 '老字号' 진흥발전위원회의 심사를 통해 정식으로 지정된 상점을 가리킴] ｜ **创立** chuànglì 창립하다 ｜ **同仁堂** Tóngréntáng 통런탕, 동인당 [베이징의 오래된 약국 이름] ｜ **药食同源** yàoshí tóngyuán 약식동원, 약과 음식은 근원이 같다 ｜ **提倡** tíchàng 동 제창하다 ｜ **刺激** cìjī 동 자극하다 ｜ **灸** jiǔ 동 뜸을 뜨다, 뜸질을 하다 ｜ **燃烧** ránshāo 동 연소하다, 타다 ｜ **艾草** àicǎo 명 쑥 ｜ **温灼** wēnzhuó 따뜻하게 태우다

拔罐是指将罐吸附在皮肤表面，通过刺激、温热等达到治疗效果。推拿是指医生用手在病人身体上以不同方法刺激特定部位的治疗方法。

此外，中医的诊治注重整体性。中医认为人体的各部分是相关互联的，牙疼可能是肾出了问题，肾的问题则可能要从脚底来治。因此，不能"头痛医头，脚痛医脚"。

目前，随着人们工作和生活节奏的加快，很多人都处于亚健康状态。越来越多的中国人把中医当作一种日常保健方式，定期去进行针灸、拔罐、推拿，这些对很多因不健康的生活方式而造成的疾病能起到一定的缓解作用。

吸附 xīfù 动 흡착하다 | **温热** wēnrè 형 따뜻하다, 덥다 | **注重** zhùzhòng 동 중시하다 | **整体性** zhěngtǐxìng 완정성 | **相关** xiāngguān 동 상관되다, 관련되다 | **互联** hùlián 명 상호 연결 | **肾** shèn 명 콩팥, 신장 | **脚底** jiǎodǐ 명 발바닥 | **节奏** jiézòu 명 리듬, 박자, 템포 | **加快** jiākuài 동 빠르게 하다, 속도를 올리다 | **亚健康** yàjiànkāng 아건강 상태 [신체적으로나 정신적으로 질병에 걸린 것도 아니고 건강하지도 않은 상태] | **缓解** huǎnjiě 동 호전되다, 완화하다

UNIT
11

正月里的焦家
"大趴"

焦氏家族生活在甘肃会宁，祖上曾是清朝官员，如今人才济济。正月里的团聚给这个四世同堂的大家庭带来了欢声笑语。

正月里的焦家"大趴"

　　焦崇伟是焦家的大家长，兄弟姐妹八人，上有耄耋之年的母亲，下有欢聚一堂的儿孙。母亲身体不太好，小孩还在睡觉，所以在这张合影中，只有一半的家族成员。

　　家人们带着礼物陆续来了。焦崇伟的小孙女三秀穿着新衣服，站在门口张望。

大趴 dàpā 성대한 연회, 거한 파티 | 会宁 Huìníng 후이닝, 회녕 [간쑤성(甘肃省) 바이인시(白银市)에 있는 지명] | 祖上 zǔshàng 몡 조상, 선조 | 清朝 Qīng Cháo 몡 청(清)대, 청(清) 왕조 | 官员 guānyuán 몡 관리, 관원 | 人才济济 réncái jǐjǐ 인재가 차고 넘치다 | 团聚 tuánjù 동 한자리에 모이다, 한데 모이다 | 四世同堂 sìshì tóngtáng 몡 한 집에 네 세대가 모여 사는 것 | 欢声笑语 huānshēng xiàoyǔ 즐거운 노랫소리와 웃음소리 | 家长 jiāzhǎng 몡 가장 | 耄耋之年 màodiézhīnián 70~90세의 노인, 노년 | 欢聚一堂 huānjù yìtáng 즐겁게 한자리에 모이다 | 儿孙 érsūn 몡 후손, 자손 | 合影 héyǐng 몡 단체사진 | 陆续 lùxù 부 잇달아, 연달아 | 张望 zhāngwàng 동 사방을 둘러보다, 두리번거리다

门神、灯笼、窗花都洋溢着春节的欢乐气氛。这扇门的后面正是欢聚一堂的焦家。焦崇伟兄弟姐妹里有五家人基本上都住在一起，正月初二这一天的大团聚是这个大家族几十年来的传统。

过年期间**❶**，焦家有供奉祖先的传统，他们对此**❶**十分重视。家谱记录着**❷**焦家的家世、家规，维系着**❷**家人之间的亲情，见证着**❷**家族大团聚的欢乐。

焦家老太太身体不太好，儿孙们就在身边轮流**❸**照顾。多在老人身边尽孝，是工作在外的儿孙最大的心愿。

祭拜祖先是新春拜年的仪式之一，也是前来拜年的晚辈们表达尊敬**❷**的礼数，这在当地很受重视。

门神 ménshén 명 문신 [음력 정월에 집집마다 좌우 문짝에 붙이는 신들의 상] | 灯笼 dēnglong 명 초롱, 제등 | 窗花 chuānghuā 명 주로 창문 장식에 사용하는 '剪纸(젠즈)'의 일종 | 洋溢 yángyì 동 충만하다, 가득 넘쳐 흐르다 | 春节 Chūn Jié 명 설, 춘절 | 扇 shàn 양 짝, 틀, 폭, 장 [문·창문·유리·병풍 따위를 세는 단위] | 正月 zhēngyuè 명 정월 | 供奉 gòngfèng 동 바치다, 공양하다 | 重视 zhòngshì 동 중시하다 | 家谱 jiāpǔ 명 가보, 집안의 족보 | 家世 jiāshì 명 가세, 가문 | 家规 jiāguī 명 가법 | 维系 wéixì 동 유지하다 | 亲情 qīnqíng 명 혈육간의 정, 친척 | 见证 jiànzhèng 동 증명할 수 있다, 증거를 대다 | 老太太 lǎotàitai 명 할머님, 노부인 [늙은 여자에 대한 존칭 또는 타인의 어머니에 대한 경칭] | 轮流 lúnliú 부 돌아가면서 | 尽孝 jìnxiào 동 효도를 다하다 | 心愿 xīnyuàn 명 염원, 소망 | 祭拜 jìbài 동 제사를 지내다 | 祖先 zǔxiān 명 선조, 조상 | 仪式 yíshì 명 의식 | 前来 qiánlái 동 다가오다 | 晚辈 wǎnbèi 명 후배, 손아랫사람 | 尊敬 zūnjìng 형 존경하다 | 礼数 lǐshù 명 예의예절

因为人多，大家吃饭会坐成好几桌。孩子们向来都是坐在一起的，五岁的姐姐会很自然地照顾两岁的弟弟，不需要大人操心。

大锅做饭，饭菜分份。同样的饭菜要装好几个盘子，供大家分桌就餐。

过年时，男人们最开心的是在推杯换盏之间，谈谈[1]国家大事，聊聊[1]家长里短。

孩子们最开心的则是收红包。在焦家，同辈之间有"讨红包"的习俗。晚辈也会给自己的长辈发红包，祝愿他们晚年安康。

分份 fēnfèn 동 나누다, 분배하다 | **装** zhuāng 동 싣다, 담다 | **盘子** pánzi 명 쟁반, 접시 | **供** gòng 동 제공하다 |
就餐 jiùcān 동 밥을 먹다, 밥 먹으러 가다 | **推杯换盏** tuībēi huànzhǎn 친구들과 모여 서로 술을 올리는 등 화기애애한 분위기를 형용하는 단어 | **家长里短** jiācháng lǐduǎn 일상적인 집안의 자질구레한 일, 항다반사 | **同辈** tóngbèi 명 동년배 |
讨 tǎo 동 요구하다 | **晚年** wǎnnián 명 만년, 노년 | **安康** ānkāng 형 평안하다

唱歌是必须进行的娱乐项目。从
革命歌曲到流行歌曲，从秦腔到神
曲，家中老少轮番上阵。

孩子们爱跳爱玩。吃过午饭后，
他们就在院子里开心地跳起了《小苹
果》。

孩子们的拔河比赛，引来了大人
们上前助阵，疼爱孙子的爷爷奶奶们
也加入了比赛。

大人们也来了兴致，玩起了跳绳。这是他们上学时经常玩的游戏。如
今，只有家人们聚在一起时才有这样的兴致。

娱乐 yúlè 몡 오락, 즐거움 | 秦腔 qínqiāng 몡 진강 [중국 시베이(西北) 지방에 유행하는 지방극] | 神曲 shénqǔ 갓띵곡
[인터넷 용어로 지겨울 정도로 너무 많이 들리는 노래나 듣기에 이상하지만 인기가 많은 노래에 쓰는 말] | 轮番 lúnfān 동 차례
대로 하다, 교대로 (~을) 하다 | 上阵 shàngzhèn 동 출전하다 | 院子 yuànzi 몡 집, 정원 | 拔河 báhé 몡 줄다리기 |
助阵 zhùzhèn 동 응원하다 | 加入 jiārù 동 가입하다 | 兴致 xìngzhì 몡 흥미, 재미 | 跳绳 tiàoshéng 몡 줄넘기

玩乐之时，大人们即兴表演了社火舞狮。今年，这个家族有数十位成员要参加社火晚会。

作为父母，最开心的事就是家人们能够聚在一起，让孩子们在和和美美的家庭环境中快乐成长。

作为孩子，他们在相互关爱中，不知不觉地延续着家族的这一份亲情与温暖。

玩乐 wánlè 명 유흥, 유희 | 即兴 jíxìng 동 그 자리에서 감흥이 일어나다 | 社火 shèhuǒ 명 집단으로 하는 명절놀이 | 舞狮 wǔshī 명 사자춤 | 晚会 wǎnhuì 명 만찬회 | 作为 zuòwéi 동 ~의 (신분/자격)으로서 | 和和美美 héheměiměi 형 화목하고 아름답다 | 相互 xiānghù 부 상호간에, 서로 간에 | 关爱 guān'ài 동 관심을 갖고 귀여워하다 | 不知不觉 bùzhībùjué 자신도 모르게 | 延续 yánxù 동 계속하다, 지속하다

这是焦崇伟一家人 24 年前的照片，那时的焦崇伟风华正茂。

24 年后，已是爷爷的焦崇伟儿孙满堂，享受着他们陪伴的幸福。

这里是焦家原来生活的地方，如今都是在建的高楼。焦家人搬离了祖辈们生活的土地，但仍保留❸着乡村大院的生活方式❹和家族父老之间的亲情人情。

（ 本文选编自 http://news.qq.com/original/oneday/1886.html，作者：郝文辉 ）

风华正茂 fēnghuá zhèngmào 젊고 재기 발랄하다, 젊고 유망하고 재능이 넘치다 ｜ 儿孙满堂 érsūn mǎntáng 자손이 번창하다 ｜ 陪伴 péibàn 동 동반하다, 수행하다 ｜ 祖辈 zǔbèi 명 조상, 선조 ｜ 保留 bǎoliú 동 보존하다, 남겨 두다 ｜ 乡村 xiāngcūn 명 농촌, 시골 ｜ 父老 fùlǎo 명 노인, 어르신

中国的家庭

　　每个家庭虽小，却是社会的重要组成部分。伴随着中国社会已经或正在发生的深刻变革，中国的家庭结构也在发生着变化。

　　祖孙四代人生活在一起的四世同堂曾经是中国最普遍的传统家庭结构，这是因为中国人非常重视家庭和血缘关系，也讲究"养儿防老"，家庭观念很强。在生产力较低的年代，大家庭的成员们住在一起，也便于相互帮助，相互支持。进入现代化社会后，人们的生活水平大幅提高，家庭观念也发生了较大的改变，传统的四世同堂大家庭逐渐瓦解。

　　中国一直都是人口大国。人口基数大、增长过快带来了居住条件差、就业困难、资源短缺等问题。因此，中国逐步将计划生育政策定为基本国策。中国由此出现了很多三口之家，即父亲、母亲和一个孩子组成的家庭。计划生育政策有效地控制了人口增长速度，但人口老龄化、性别比例失衡、劳动力短缺、独生子女压力大等问题也随之而来。

伴随 bànsuí 동 동행하다, 함께 가다 ｜ 深刻 shēnkè 형 (인상 · 정도가) 깊이가 있다 ｜ 变革 biàngé 명 개변, 변혁 ｜ 普遍 pǔbiàn 부 보편적으로 ｜ 血缘 xuèyuán 명 혈연, 혈통 ｜ 讲究 jiǎngjiu 동 중요시하다, 주의하다 ｜ 养儿防老 yǎng'ér fánglǎo 자녀를 양육하여 노후에 대비하다 ｜ 便于 biànyú 동 ~하기에 쉽다, 편하다 ｜ 大幅 dàfú 형 대폭의 ｜ 瓦解 wǎjiě 동 와해시키다, 분열되다 ｜ 就业 jiùyè 동 취업하다 ｜ 短缺 duǎnquē 동 결핍하다, 부족하다 ｜ 逐步 zhúbù 부 점차, 점점 ｜ 国策 guócè 명 국책 ｜ 控制 kòngzhì 동 제어하다, 통제하다 ｜ 比例 bǐlì 명 비례, 비율 ｜ 失衡 shīhéng 동 균형을 잃다 ｜ 劳动力 láodònglì 명 노동력

为解决这一困境，计划生育政策逐渐放开，新政策相继出台。从2016年1月1日起，所有夫妇都可以生育两个孩子，部分中国家庭由三口之家变成了四口之家。此外，近些年来，一个人的单人家庭、只有夫妻的丁克家庭以及老人独居的空巢家庭等家庭模式也不断涌现。

现在，二人家庭、三人家庭是主体，由两代人组成的核心家庭占六成以上。从四世同堂到三口之家，再到四口之家、丁克家庭、单人家庭，中国的家庭规模在小型化，类型则在多样化。

困境 kùnjìng 명 곤경, 궁지 ┃ 相继 xiāngjì 동 잇따르다, 계속하다 ┃ 出台 chūtái 동 (정책이나 조치 등을) 공포하거나 실시하다 ┃ 丁克家庭 dīngkè jiātíng 명 딩크족 가정 ['丁克'는 아이를 낳지 않는 맞벌이 부부를 가리키는 말] ┃ 空巢 kōngcháo 명 빈 둥지 가구 [자녀들이 취업이나 결혼으로 분가하면서 부모만 남은 가족 형태] ┃ 涌现 yǒngxiàn 동 대량으로 나타나다, 생겨나다 ┃ 核心 héxīn 명 핵심 ┃ 类型 lèixíng 명 유형 ┃ 多样化 duōyànghuà 명 다양화

UNIT
12

记忆中的年

　　对孩子而言，过年意味着新衣服、压岁钱和好吃好玩的；对大人而言，过年意味着一家人团团圆圆、热热闹闹。

Real READING

记忆中的年

　　小时候，我一定是这个世界上最盼望过年的小孩之一。过年意味着放寒假回家，拥有一段较长时间的"自由"。

　　迄今为止，我只有三次没在潘庄过年，每一次，我都会无比想念在潘庄过年的情景❶。这些年，我试着用相机记录下潘庄过年的景象❶，捡拾一些记忆❷碎片，拼凑出我印象中潘庄过年的热闹气氛。

过年 guònián 图 설을 쇠다, 새해를 맞다 ｜ **意味** yìwèi 图 의미하다, 뜻하다 ｜ **压岁钱** yāsuìqián 图 세뱃돈 ｜ **团圆** tuányuán 图 (부부·부자간에 오랫동안 헤어졌다가) 한데 모이다 ｜ **盼望** pànwàng 图 간절히 바라다, 희망하다 ｜ **拥有** yōngyǒu 图 소유하다, 가지다 ｜ **迄今** qìjīn 图 지금에 이르기까지 ｜ **潘庄** Pānzhuāng 图 판좡 [톈진시(天津市) 닝허현 (宁河县)에 있는 진(镇) 중 하나] ｜ **情景** qíngjǐng 图 광경, 장면 ｜ **捡拾** jiǎnshí 图 줍다 ｜ **碎片** suìpiàn 图 부서진 조각 ｜ **拼凑** pīncòu 图 긁어 모으다

农历腊月二十五，宗岭哥想赶着在年前翻完地，为过完年种土豆做好准备。对于农耕来说，过年就是休息。年后农活儿再起，年也就结束了。

腊月二十六下午，我和王四一起坐车回潘庄过年。就算❶爷爷奶奶知道❸我们会在哪一刻走进家门，他们见到我们的第一句话也是"哎呀，你们怎么回来了？"我们回家过年了呀！

下车时，我们惊奇地发现，村里已经装上了路灯。王四提着行李大步前行，向走在后面的我喊道："变化真大，都不敢认了！"

腊月二十七是镇上这一年的最后一个集，也就是年集。这是一年之中规模最大、最热闹的集。大家都愿意起个大早，到年集上遛一圈。十四五岁的半大孩子喜欢结伴而去，稍小一些的孩子们则会跟着父母一起去。这时，孩子们如果向大人讨买自己喜欢的东西，一般都会得到满足。

腊月 làyuè 명 음력 섣달 | 赶 gǎn 동 서두르다, 다그치다다 | 翻地 fāndì 동 (쟁기·삽 따위로) 땅을 갈아엎다 | 种 zhòng 동 심다, 재배하다 | 土豆 tǔdòu 명 감자 | 农耕 nónggēng 명 농경 | 农活儿 nónghuór 명 농사일 | 就算 jiùsuàn 접 설령 ~일지라도 | 惊奇 jīngqí 형 놀랍고도 이상하다 | 路灯 lùdēng 명 가로등 | 前行 qiánxíng 동 전진하다, 앞으로 나아가다 | 喊道 hǎndào 동 큰 소리로 외치다 | 镇 zhèn 명 진 [중국의 지방 행정구획의 하나] | 集 jí 명 시장, 장 | 规模 guīmó 명 규모 | 遛 liù 동 거닐다, 어슬렁거리다 | 半大 bàndà 형 크지도 작지도 않은 | 结伴 jiébàn 동 한패가 되다 | 讨 tǎo 동 요구하다, 바라다

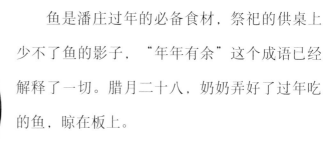

鱼是潘庄过年的必备食材，祭祀的供桌上少不了鱼的影子，"年年有余"这个成语已经解释了一切。腊月二十八，奶奶弄好了过年吃的鱼，晾在板上。

腊月二十九，除夕前一天，我的爷爷和奶奶在打扫屋子准备过年。墙上的影视明星挂历和年画已经贴了近三十年了。奖状是我小学时的"荣誉"，也贴了十多年了。

除夕下午，村民顾成军和回家过年的大儿子一起在客厅里包饺子。他的老婆在厨房里准备晚上祭祀的供品。

必备 bìbèi 동 반드시 갖추다 | 食材 shícái 명 식자재, 식재료 | 祭祀 jìsì 동 제사 지내다 | 供桌 gòngzhuō 명 제상, 제사상 | 影子 yǐngzi 명 모습 | 晾 liàng 동 (물건을 그늘이나 바람에) 말리다 | 除夕 chúxī 명 섣달 그믐날 | 影视 yǐngshì 명 영화와 텔레비전 | 挂历 guàlì 명 (벽에 거는) 달력 | 年画 niánhuà 명 세화 [설날 실내에 붙이는 그림] | 奖状 jiǎngzhuàng 명 상장 | 荣誉 róngyù 명 영예 | 村民 cūnmín 명 시골 사람, 주민 | 饺子 jiǎozi 명 교자만두 | 供品 gòngpǐn 명 공물, 제물

除夕夜晚，胆小的王子佳躲在门后看堂哥在院子里放鞭炮。

除夕夜，当老伴儿和儿子、儿媳在包饺子时，刘大爷正入神地看着中央电视台春节联欢晚会，他的两个孙子则趴在床边看电影。刘大爷的两个儿子都生活在城里，平时只有他和老伴儿带着一个孙子生活在潘庄。为了解决孩子们回家房间不够用的问题，刘大爷盖了这间十多平米的厨房，平时做饭，也能住人。他的二儿子买了一台 50 寸的液晶彩电放在客厅，老彩电就放在厨房了。

到了凌晨，潘庄村开始动起来了。每个家庭都沉浸在急促的炸裂声中。烟花在潘庄并不多见，在只有三百多户人家的潘庄，谁家院子里放烟花，附近人家就都能看到。

胆小 dǎnxiǎo 형 겁이 많다, 소심하다 | 躲 duǒ 동 피하다, 숨다 | 堂哥 tánggē 명 사촌 형 | 放鞭炮 fàng biānpào 폭죽을 터뜨리다 | 老伴儿 lǎobànr 명 노부부가 다른 한쪽의 배우자를 가리키는 말 | 儿媳 érxí 명 며느리 | 大爷 dàye 명 아저씨, 할아버지 [연상의 남자에 대한 존칭] | 入神 rùshén 동 (눈앞의 사물에) 넋을 잃다, 마음을 뺏기다 | 春节联欢晚会 Chūn Jié Liánhuān Wǎnhuì 춘제연합만회 [중국 중앙방송국(CCTV)에서 방영하는 춘제 특집방송] | 趴 pā 동 엎드리다 | 盖 gài 동 건물을 짓다 | 寸 cùn 양 촌, 치 [길이를 재는 단위로 1척(尺)의 1/10(0.0333m)을 가리킴] | 液晶彩电 yèjīng cǎidiàn LED 텔레비전 | 凌晨 língchén 명 새벽 | 沉浸 chénjìn 동 잠기다, 휩싸이다 | 急促 jícù 형 촉박하다 | 炸裂 zhàliè 동 작렬하다, 터지다 | 烟花 yānhuā 명 꽃불, 불꽃 | 人家 rénjiā 명 남의 집

大年初一的潘庄，满是串门儿拜年的人群。人们早早地起床，清扫前夜散落在院子里的鞭炮残屑，在屋里放好凳子，摆好赶集买来的糖果和瓜子儿，打开迎宾的大门。

初一上午，老人们在家里等着客人来访，年轻人则出门去拜年。拜年的人们大多结伴而行。男人、女人、孩子都有各自的队伍，不是一帮近亲，就是²一群⁴好友，特别是在外回乡的人们，正好同行叙旧。串门儿的人们在胡同里碰到了会相互打招呼。

送走了一拨串门儿的乡邻，振冉奶奶赶紧开始擦拭桌子，准备迎接新一拨客人。

在潘庄，过了大年初一就要忙着走亲戚。

串门儿 chuànménr 마을을 다니다 ｜ 拜年 bàinián 동 신년을 축하하다, 세배하다 ｜ 清扫 qīngsǎo 동 말끔히 제거하다 ｜ 散落 sànluò 동 흩어져 떨어지다 ｜ 残屑 cánxiè 명 부스러기, 찌꺼기 ｜ 凳子 dèngzi 명 걸상, 등받이가 없는 의자 ｜ 糖果 tángguǒ 명 사탕, 캔디, 과자 등의 식품을 총칭 ｜ 瓜子儿 guāzǐr 명 수박씨, 해바라기씨, 호박씨 등을 통틀어 일컫는 말 ｜ 迎宾 yíngbīn 동 손님을 맞다 ｜ 来访 láifǎng 동 방문하다 ｜ 队伍 duìwu 명 대열, 집단 ｜ 帮 bāng 양 떼거리, 무리 [여럿이 모여서 한 동아리를 이룬 사람들을 셀 때 쓰는 단위] ｜ 近亲 jìnqīn 명 근친, 가까운 친척 ｜ 叙旧 xùjiù 동 (친구 간에) 옛일을 이야기하다 ｜ 打招呼 dǎzhāohu 동 인사하다 ｜ 拨 bō 양 무리, 조, 그룹 [사람의 무리를 셀 때 쓰는 단위] ｜ 乡邻 xiānglín 명 이웃 ｜ 擦拭 cāshì 동 닦다 ｜ 亲戚 qīnqi 명 친척 ｜ 正月 zhēngyuè 명 정월 ｜ 闲谈 xiántán 동 잡담하다, 한담하다

农历正月初二，绪茂大爷和另一位村民坐在路边闲谈。一辆来潘庄走亲戚的红色小轿车停在他们背后，而轿车的主人此时正在接受招待。

过年既闲又忙，闲在没有农活儿，忙在走亲访友。

农历正月初三，一户村民给城里来走亲戚的客人抬上三袋白菜。潘庄村民总要给来走亲戚的客人回赠点儿什么，或者[3]请客人带回部分礼品。所以，在年后的潘庄，经常可以看到村民和要离开的亲友在家门口"推搡"——亲友不愿意带礼物回去，主人家却一定要给。

等到正月初五、初六，亲戚都走动得[4]差不多了，人们开始走访朋友。每到这个时候，我的爷爷奶奶就会张罗一桌酒席，让父亲和我去请邻居来家里做客。我们平时不在身边，年老的他们离不开邻居的帮助。

晚上送这些邻居离开时，我们的寒暄告别总会引来狗叫，它们已经从爆竹声的惊吓中缓过神来了。

我知道[3]，年已经过完了。

（本文选编自 http://news.qq.com/original/oneday/2249.html，作者：刘磊）

轿车 jiàochē 몡 자가용 ∣ 走亲访友 zǒuqīn fǎngyǒu 친척이나 친구의 집을 방문하다 ∣ 袋 dài 먕 포대. 자루 [부대에 넣은 물건을 세는 단위] ∣ 白菜 báicài 몡 배추 ∣ 回赠 huízèng 동 (선물을 받은 후) 선물로 답례하다 ∣ 礼品 lǐpǐn 몡 선물 ∣ 推搡 tuīsǎng 동 밀치락달치락하다, 힘껏(확) 밀치다 ∣ 走动 zǒudòng 동 오고 가고 하다, 서로 다니다 ∣ 张罗 zhāngluo 동 처리하다, 준비하다 ∣ 酒席 jiǔxí 몡 연회, 술자리 ∣ 做客 zuòkè 동 손님이 되다 ∣ 寒暄 hánxuān 동 인사말을 나누다 ∣ 爆竹 bàozhú 몡 폭죽 ∣ 惊吓 jīngxià 동 놀라다, 두려워하다 ∣ 缓神 huǎnshén 정신이 돌아오다, 정상적인 상태로 회복되다

"恭喜发财，红包拿来!"

　　"恭喜发财，红包拿来!"这是中国人过年时常说的一句俏皮的吉祥话。将崭新的人民币用红纸包起来，作为压岁钱分发给晚辈，是中国人庆祝春节的传统习俗。红色象征着活力、愉快和好运，红包寄托的是长辈对晚辈的美好祝愿。因为"压岁"与"压祟"谐音，所以压岁钱代表压住邪祟，平平安安。

　　挨家挨户拜年是许多人儿时的记忆，而小孩子最盼望的莫过于收红包了。如今，随着互联网的兴起，人们庆祝春节的形式发生了变化，红包也进入了"数字时代"。过年期间，用微信、QQ、支付宝等发红包，已经成为亿万中国人与亲朋好友分享快乐的新方式。

　　但是，人们对电子红包的态度却不尽相同。有人认为，微信可以将红包同时发给一群朋友，让应用程序决定每个人"抢"到多少钱，就像玩游戏一样。他

俏皮 qiàopí 형 보기 좋다(멋지다) ｜ 吉祥话 jíxiánghuà 덕담 ｜ 崭新 zhǎnxīn 형 참신하다. 아주 새롭다 ｜ 压岁钱 yāsuìqián 명 세뱃돈 ｜ 分发 fēnfā 동 (하나씩 하나씩) 나누어주다 ｜ 晚辈 wǎnbèi 명 후배, 손아랫사람 ｜ 象征 xiàngzhēng 동 상징하다 ｜ 活力 huólì 명 활력, 생기 ｜ 寄托 jìtuō 동 위탁하다, 부탁하다 ｜ 长辈 zhǎngbèi 명 집안 어른 ｜ 祝愿 zhùyuàn 동 축원하다 ｜ 压岁 yāsuì 섣달그믐에 아이들에게 과자나 돈을 주다 ｜ 谐音 xiéyīn 동 음을 맞추다 ｜ 邪祟 xiésuì 명 악령, 귀신 ｜ 挨家挨户 āijiā'āihù 집집이, 집집마다 ｜ 拜年 bàinián 동 신년을 축하하다, 세배하다 ｜ 莫过于 mòguòyú 동 ~보다 더한 것은 없다 ｜ 兴起 xīngqǐ 동 흥기하다, 흥성하다 ｜ 支付宝 Zhīfùbǎo 알리페이 [2003년 알리바바 그룹에서 창시한 중국의 전자결제 시스템] ｜ 分享 fēnxiǎng 동 함께 누리다, 즐기다 ｜ 不尽相同 bújìn xiāngtóng 완전히 똑같지는 않다 ｜ 应用程序 yìngyòngchéngxù 명 어플리케이션 ｜ 抢 qiǎng 동 빼앗다

们觉得使用这种方式发送节日祝福比传统红包方便多了。另一些人却觉得，收发电子红包使得很多年轻人没有和家人好好交流，也不再参与包饺子、看春晚等活动。

　　不管是越来越流行的电子红包，还是传统的红包，都会是春节最受大家欢迎的礼物。过年的方式在与时俱进，但阖家团聚、祈求幸福是中国人过年永远不变的主题。

与时俱进 yǔshí jùjìn 시대와 더불어 발전하다 | **阖家** héjiā 명 온집안 | **团聚** tuánjù 동 한자리에 모이다 | **祈求** qíqiú 동 간청하다, 간구하다

中国人의 *生活* 이야기로 읽어보는

중국어
REAL 독해 ②
해설집

시사중국어사

차 례

泪罗江畔造舟人

미뤄 강가의 용선을 만드는 사람

📋 **학습 내용**

• 용선 경기는 단오절의 전통 풍습입니다. 후난성 미뤄시의 한 공장에서 기술자들이 전국 각지에서 주문한 용선을 서둘러 제작하고 있는데 단오절 즈음이 1년 중 가장 바쁠 때입니다.

✏️ **학습 목표**

• 가업을 잇고 전통을 계승하며 용선을 만드는 사람들의 이야기를 통해 용선을 만드는 과정과 단오절 풍습에 관련된 굴원, 쭝즈 등 중국의 전통 문화에 대해 알아봅니다.

미뤄 강가의 용선을 만드는 사람

후난성 미뤄시의 한 용선(龙船–드래곤보트) 공장에서 기술자들이 전국 각지에서 주문한 용선을 서둘러 제작하고 있습니다. 지금은 그들이 1년 중 가장 바쁜 시기입니다.

기술자들이 이미 제작이 끝난 용선 몇 척을 작업장에서 운반합니다. 이 배들은 곧 차에 실려 전국 각지로 운송됩니다.

56세의 쉬구이셩 씨는 '용선 집안'에서 태어났고 지우즈롱(九子龙) 굴원[*] 용선 공장의 공장장입니다. 그의 아버지 역시 용선 장인이었는데 쉬구이셩 씨는 어렸을 때부터 아버지의 일을 거들었습니다. 1978년 쉬구이셩 씨는 용선 제조를 배웠고 천부적인 소질이 있던 그는 2년 후 용선을 만드는 장인이 되었습니다.

용선을 제작하는 작업장에서 한 기술자가 반제품 가공을 하고 있습니다. "매년 단오절에 가까워질 때가 가장 바쁠 때예요. 기술자들을 많이 모셔서 밤낮으로 작업하면 기본적으로 이틀에 한 척씩 제작할 수 있어요."라고 쉬구이셩 씨가 이야기합니다.

용선의 제작과정은 재료 선별, 목재 가공, 반제품 가공, 조립, 정밀 가공, 페인트칠, 제품 출하 등을 포함합니다. 기술자가 반제품을 조립하여 배를 만들려면 몇 사람이 협력해야 합니다.

쉬구이셩 씨는 전통의 장점을 계승하면서도 과감하게 혁신을 가해 용선을 제작하였습니다. 그가 앞장서 신기술을 도입해 제작한 용선은 라디안이 작고 무게가 가벼우며 저항이 적다는 등의 특징이 있어 중국 용선 협회에서 우수한 제품으로 인정받았고 각지 용선 경기[**]의 전용 용선이 되었습니다.

---

[*] 屈原(굴원)
중국 전국시대 시인이자 정치가. 온 마음으로 나라에 충성하고 백성을 위했지만 중용이 되지는 못했다. 자신의 나라가 패망할 것을 알고 매우 비통해하다 기원전 278년 음력 5월 5일에 미뤄강(멱라강)에 뛰어들어 자살했다고 전해진다.

[**] 龙舟赛(용선 경기)
굴원이 미뤄강에서 자살한 후 많은 현지의 백성들이 배를 저어 그를 구하러 갔다고 한다. 그 후로 매년 음력 5월 5일에 용선을 젓는 방식으로 굴원을 기리는데 이것이 바로 단오절 용선 경기의 기원이라고 한다.

용선 생산 작업장의 창고에는 많은 경질 유리의 용머리와 용꼬리의 반제품들이 있습니다. 전통적인 용머리는 모두 녹나무로 조각해 무게가 무거웠지만 지금은 경질 유리로 제작하여 재질이 많이 가벼워졌고 형태도 유연해졌습니다.

용선의 길이에 따라 용선의 노 젓는 사람은 보통 22명 정도입니다.

"용선 제작은 수공업이어서 비교적 힘들고 전체 제작과정 역시 매우 복잡합니다. 그래서 아들이 처음에는 배우려고 하지 않았어요."라고 쉬구이셩 씨가 말했습니다. 집안 식구들의 설득에 대학을 졸업한 아들 쉬밍난은 현재 이 수공기술에 관심을 느끼기 시작했습니다. 쉬구이셩 씨는 자손후대가 용선 기술을 이어가 용선 문화를 계승할 수 있기를 희망합니다.

기술자들이 이미 제작이 끝난 용선 몇 척을 작업장에서 운반합니다. 이 용선들은 머지않아 차에 실려 전국 각지로 운송될 것입니다.

현재 미뤄강 양안에는 10여 개의 용선 공장이 분포되어 있고 이곳에서 매년 수백 척의 용선이 탄생되고 있습니다. 쉬구이셩 씨의 용선 생산 판매량은 다른 공장들의 전체 생산량을 합친 것과 같습니다. 그들은 용선 기술의 계승에 이바지하고 있습니다.

1 보어 好

'동사＋好'는 동사서술어의 결과가 '좋게 또는 만족하게 마무리 되다'라는 의미를 나타낸다.

他们将几艘制作好的龙舟从车间抬出，它们不久就将被装车运往各地。

= 把
(~을, ~를)　만족하게 마무리되다　～로부터 들어서 나오다　얼마 있지 않아, 바로　운반되다

▶ 大家都准备好了吗?　모두 다 준비되었나요?

▶ 你想好了没有?　생각 잘 해봤나요?

2 既…又…　～하면서 ～하다

접속사 '既…又…'는 두 가지 동작이나 상태, 상황이 동시에 존재함을 나타내며, '既…也…' 또는 '又…又…'의 표현으로도 사용할 수 있다.

许桂生制造的龙舟，既继承了传统优势，又进行了大胆创新。

～하면서 ～하다　장점을 계승하다　혁신하다

▶ 有一个人看见装珠宝的盒子既精致又美观，问明价钱后就买了一个。
어떤 사람이 정교하면서도 예쁜 보석함을 보고, 가격을 확실히 물은 뒤 하나를 샀다.

▶ 石头纸具有成本低，易处理的特点，既为使用者节省了大量成本，又不会产生污染。
스톤페이퍼는 원가가 낮고 처리가 쉽다는 특징을 가지고 있는데, 사용자에게는 원가가 크게 절감되었고 오염도 발생하지 않는다.

装珠宝 zhuāngzhūbǎo 보석함 ｜ 精致 jīngzhì 형 세밀하다, 정교하다 ｜ 美观 měiguān 형 (장식·외관 따위가) 보기 좋다, 아름답다 ｜ 石头纸 shítouzhǐ 스톤페이퍼 ｜ 成本 chéngběn 명 원가 ｜ 处理 chǔlǐ 동 처리하다 ｜ 污染 wūrǎn 명 오염

3 了 ~해졌다

'了'는 동작의 완료 또는 실현을 나타내기도 하지만, 시간이나 상황의 변화 또는 발생을 나타내기도 한다. 주된 형식은 '주어＋…＋了'로 사용된다. 동사(구)뿐만 아니라 형용사나 명사와도 결합할 수 있다.

> 大学毕业的儿子许明南现在开始对这门手艺感兴趣了。
>
> ~에 관심이 있다   (관심이 있게) 되었다

▶ 我知道她的秘密了。   나는 그녀의 비밀을 알게 되었다.

▶ 我被最爱的人误解了。   나는 가장 사랑하는 사람에게 오해를 받았다.

▶ 半年之后，女儿的数学成绩已经在班里数一数二了。
반년 후에 딸의 수학 성적은 이미 반에서 일 이등을 다투게 되었다.

4 방향보어 出

'동사서술어＋出'는 안에서 밖으로 이동하거나 无(무)에서 有(유)가 되거나 감춰져 있던 것이 드러난다의 의미를 나타낸다.

> 他们为龙舟技艺传承做出了自己的贡献。
>
> ~을 위해서   공헌하다

▶ 我们还没得出最终结论，正在分析数据。
우리는 아직 최종 결론을 얻지 못해 지금 데이터를 분석하고 있는 중이다.

▶ 这种装珠宝的盒子制作得非常漂亮，而且还散发出一种香味儿。
이 보석함은 매우 예쁘게 만들어졌을 뿐만 아니라 향기까지 뿜어낸다.

▶ 她露出了满意的笑容。   그녀는 흡족한 미소를 지었다.

误解 wùjiě 동 오해하다 ｜ 数一数二 shǔ yī shǔ èr 일 이등을 다투다, 뛰어나다 ｜ 分析 fēnxī 동 분석하다 ｜ 数据 shùjù 명 데이터 ｜ 散发 sànfā 동 발산하다, 내뿜다 ｜ 露 lù 동 나타내다, 드러나다 ｜ 笑容 xiàoróng 명 웃는 얼굴, 웃음 띤 얼굴

1 制造 vs 创造

制造 zhìzào 동 만들다, 제조하다	创造 chuàngzào 동 창조하다, 발명하다
차이점 ① 인력, 재료를 사용해서 어떤 제품을 만든다는 의미를 나타낸다. 예 他终于发明了石英玻璃，制造出了史上第一根光导纤维。 그는 마침내 석영 유리를 발명했고, 역사상 처음으로 광섬유 한 가닥을 만들어냈다. ② 인위적으로 좋지 않은 분위기나 국면 등을 조성한다는 의미도 나타낸다. 예 他的话制造了朋友之间的纠纷。 그의 말은 친구 사이에 다툼을 야기했다.	처음으로 새로운 방법, 새로운 이론을 창조하고 만든다 혹은 새로운 성적을 만든다는 의미로 비교적 추상적인 것에 사용된다. 예 设计师创造了奇迹。 디자이너가 기적을 만들어냈다.
搭配 ···飞机(비행기), ···武器(무기), ···麻烦(번거로움), ···紧张空气(긴장된 분위기)	···力(···력), ···性(···성), ···者(···자), ···机会(기회), ···财富(부), ···新理论(신이론), ···世界纪录(세계기록), ···条件(조건)

2 基本 vs 基础

基本 jīběn 명 기본, 근본 형 기본의, 기본적인 / 주요하다, 중요하다	基础 jīchǔ 명 토대, 기초, 기반
차이점 '기본의, 근본적인'이라는 의미 외에도 '주요하다, 중요하다'는 의미도 있다. 예 "住"是人们生活的基本需求之一。 '주'는 사람들 삶의 기본 수요 중 하나이다. 예 经理基本的任务一定让我去做。 사장님은 중요한 임무는 반드시 나에게 시키신다.	사물이 발전하는 기점을 가리킨다. 예 这为他后来的职业艺术生涯奠定了坚实的基础。 이것은 그의 이후의 직업예술 생애에 굳건한 기초를 다져주었다.
搭配 ···方针(방침), ···工资(월급), ···内容(내용), ···情况(상황), ··· 原则(원칙)	···建设(건설), ···教育(교육), ···科学(과학), ···理论(이론), ···设施(시설), ···知识(지식)

终于 zhōngyú 부 결국, 마침내 | 发明 fāmíng 동 발명하다 | **石英玻璃** shíyīng bōlí 명 석영 유리 | **根** gēn 양 개, 가닥, 대 | 光导纤维 guāngdǎoxiānwéi 명 광섬유 | **设计师** shèjìshī 명 디자이너 | **奇迹** qíjì 명 기적 | **生涯** shēngyá 명 생애, 생활 | **奠定** diàndìng 동 다지다 | **坚实** jiānshí 형 견실하다, 견고하다

③ 精细 VS 精致 VS 精密

	精细 jīngxì 형 세밀하다, 정교하다	精致 jīngzhì 형 세밀하다, 정교하다	精密 jīngmì 형 정밀하다, 세밀하다
공통점	모두 '세밀하다, 정확하다'라는 의미를 가지고 있다.		
차이점	사람이 세심하거나 사람이 한 일이 정교한 것을 가리킨다. 공예품의 가공이 정교함을 나타낼 때는 '精致'로 바꿔쓸 수 있다. 예 他遇事冷静，考虑问题特别精细。 그는 일이 발생하면 냉정하고 주도 면밀하게 문제를 고려한다. 예 苏州刺绣的工艺非常精细/精致。 쑤저우의 자수 공예는 매우 정교하다.	물품이 정교하거나, 조각이나 가공이 매우 정교한 것을 의미한다. 예 展览会上的工艺品件件都很精致。 전시회의 공예품은 하나하나 모두 다 정교하다.	기계나 시스템, 관찰하는 것 등이 정밀하다는 의미로 일반적으로 사람에게는 사용하지 않는다. 예 精密的观察是科学研究的基础。 세밀한 관찰은 과학 연구의 기초이다.
搭配	画功(화법)…, 刻工(조각 기술)…, 为人(사람됨)…	胸针(브로치)…, 图案(도안)…, 工艺品(공예품)…, 手表(손목시계)…	机械(기계)…, 计量工具(계량공구)…

④ 具有 VS 拥有

	具有 jùyǒu 동 구비하다, 가지다	拥有 yōngyǒu 동 보유하다, 가지다
공통점	모두 '소유하다, 가지다'라는 의미로 쓰인다.	
차이점	일반적으로 목적어 자리에 추상적인 사물이 쓰인다. 예 苏州具有江南水乡的特色。 쑤저우는 강남 수향의 특색을 가지고 있다.	일반적으로 비교적 중대한 사물을 가지고 있다는 것을 나타낸다. 예 他就已经拥有了12家连锁店。 그는 이미 12개의 체인점을 보유하고 있다.
搭配	…价值(가치), …用途(용도), …特点(특징), …意义(의미), …水平(수준)	…土地(토지), …人口(인구), …歌迷(가수의 팬), …权利(권리), …财富(재산), …军队(군대)

遇事 yùshì 동 일이 발생하다, 일에 부딪치다 | 刺绣 cìxiù 명 자수 | 观察 guānchá 명 관찰 | 水乡 shuǐxiāng 명 물가의 마을, 수향 | 连锁店 liánsuǒdiàn 체인점

음력 5월 5일 단오절

중국의 단오절은 매년 음력 5월 5일로 중국에서 가장 중요한 전통명절 중 하나입니다. 용선 경주와 쫑즈를 먹는 것은 단오절의 가장 보편적인 풍속으로 이 모든 활동은 중국 고대의 애국시인 굴원(약 기원전 340년~기원전 278년)을 기리기 위한 것이라고 합니다.

굴원이 살았던 나라는 초나라로, 그는 초나라에서 재능이 뛰어난 대신이었지만 그의 정치 주장이 간신들의 반대에 부딪혀 수도에서 추방되었습니다. 후에 그는 초나라가 패망하였다는 소식을 듣고는 자신이 이미 조국을 구할 능력이 없다는 것을 깨달아 비통해하며 미뤄강에 투신하여 자살했습니다. 현지의 백성들이 이 일을 알고 배를 저어 그를 구하려 했지만 끝내 그를 찾지 못했습니다. 강의 물고기와 새우가 굴원의 시체를 먹지 못하게 하기 위해 사람들은 음식을 물고기의 먹이로 강에 던져주었고, 이것이 단오절의 용선 경주와 쫑즈를 먹는 풍속이 되어 오늘날까지 이어지고 있습니다. 용선 경주는 현재 수상 스포츠 종목으로 매우 인기가 있습니다. 쫑즈는 대나무 잎에 찹쌀을 싸서 묶은 후 쪄서 만든 것입니다. 중국 각지의 음식습관이 달라 남방과 북방으로 그 맛을 나눌 수 있는데, 종합하여 말하자면 북방은 단맛의 쫑즈가 주를 이루고, 남방은 짠맛의 쫑즈가 주를 이룹니다.

이 외에도 단오절에는 다른 전통 풍속들이 있는데 문에 병을 치료하는 약초, 즉 쑥을 한 다발 꽂는다거나 각종 약초가 담긴 향낭을 몸에 달고 다니는 것 등등이 있습니다. 쑥과 향낭의 약초에는 모두 살균소독의 작용이 있는데 이런 풍속은 사람들이 건강하길 바라는 염원을 나타냅니다.

오랜 세월 동안 단오절의 풍속은 중국에서 계속 시들지 않았고, 2009년 중국의 단오절은 유네스코 인류무형문화유산 대표 목록으로 등재되었습니다.

중국문화 생생링크

중국 '浙江省(저장성)'의 '嘉兴粽子(자싱쫑즈)'의 역사는 매우 유구하여 '쫑즈의 왕'이라는 영예를 갖고 있답니다. 다음 QR코드를 스캔하여 중국 대표 음식 다큐멘터리 〈혀끝으로 맛보는 중국: 자싱쫑즈, 계속 생각나는 맛〉에 소개된 자싱쫑즈에 대한 내용을 시청해보세요.

<舌尖上的中国：
嘉兴粽子，一道魂牵梦绕的美食>

〈혀끝으로 맛보는 중국: 자싱쫑즈, 계속 생각나는 맛〉

每年农历五月初的端午节家家户户都要浸糯米，洗粽叶，包粽子。
매년 음력 5월 초 단오절에는 집집마다 모두 찹쌀을 불리고 쫑즈 잎을 씻어 쫑즈를 빚습니다.

一个裹粽师傅每天完成3000只粽子。
쫑즈를 만드는 기술자 한 사람이 매일 3,000개의 쫑즈를 만듭니다.

平均每分钟裹7个粽子。不到10秒，裹一个粽子，
一只粽子36道工序。
1분마다 평균 7개의 쫑즈를 빚습니다.
쫑즈 하나를 만드는 데 10초가 걸리지 않으며, 쫑즈 하나에
36개의 공정을 거칩니다.

手工制作的魅力，依然包裹在其中。
손으로 만드는 매력은 여전히 그 안에 싸여 있습니다.

手工制作呵护着传统食物的生命力。
손으로 빚는 것은 전통 음식의 생명력을 보호하고 있습니다.

중국의 단오절 VS 한국의 강릉단오제

● 중국의 단오절: 중국의 명절 중 하나로 전국시대 초 (楚)나라 시인 굴원을 기리기 위한 날입니다. 굴원은 강직한 성격의 소유자로 진(秦)나라에 굴욕적이었던 왕에 실망하고, 안일함만을 추구했던 관료들의 모함으로 결국 강남으로 귀향을 가게 됩니다. 그 후 유배지에

서 자신의 나라가 진나라에 함락되었다는 소식을 듣고 애국충정을 보이기 위해 미뤄강에 뛰어들었는데, 뛰어들기 전 〈이소(离骚)〉라는 시로 자신의 감정을 표현했습니다. 굴원이 미뤄강에 뛰어든 날이 5월 5일로 이 날에 굴원의 충성심을 기리기 시작했는데 이것이 중국 단오절의 기원입니다. 단오절에 중국인들은 찹쌀에 대추, 돼지고기, 팥, 호두 등을 넣고 대나무 잎으로 싸서 찐 쫑즈를 먹는데, 당시 물에 빠진 굴원의 시체가 훼손되지 않기를 바라는 마음으로 백성들이 밥알을 물에 던진 것이 바로 쫑즈의 기원입니다. 또한 배를 타고 굴원의 시체를 찾기 위해 돌아다녔던 것이 용선 경주의 시초인데, 2009년 용선(드래곤보트) 페스티벌은 유네스코 세계무형문화유산으로 등재되었습니다.

● 한국의 강릉단오제: 한국 단오제의 기원에 대해서는 대관령 산신에게 제사를 지내는 풍습에서 발전한 것으로 그 시작이 고대 부족국가 동예(東濊)의 '오월제 (五月祭)'에 있다고 전해집니다. 한국에서 음력 5월 5일은 일년 중 양기가 가장 왕성한 날이라 큰 명절로 여겨졌고, 모내기를 끝내고 풍년을 기원하는 기

풍제를 하는 날이기도 합니다. 단오절에 남자들은 씨름을 통해 자신의 힘을 자랑하고 여자들은 창포물에 머리를 감거나 그네뛰기를 통해 그네 실력을 자랑합니다. 이 밖에도 쑥과 익모초 뜯기, 부적 만들어 붙이기, 활 쏘기 같은 민속놀이가 행해집니다.
2005년 강릉단오제는 '세계 인류구전 및 무형무산 걸작'으로 유네스코에 선정되었습니다. 이 날에는 20여 가지의 다채로운 굿과 여러 신들을 사람들 세상에 모셔오는 제례 길놀이와 관노가면극 등의 행사가 열립니다.

UNIT

02

无声跨国恋

국경을 초월한 소리 없는 사랑

📋 **학습 내용**

• 2015년 4월 12일, 53세의 터키 아저씨와 58세의 칭다오 아주머니가 결혼식을 올렸습니다. 그들은 모두 소리 없는 세상에서 사는 농아인입니다.

✏️ **학습 목표**

• 최근 증가하고 있는 국제 연애에 대해 살펴보고 관련 표현 및 어휘를 익혀봅니다.

국경을 초월한 소리 없는 사랑

식기들이 부딪치면서 나는 '쨍그랑' 소리를 제외하고 결혼식장에는 정적이 흐릅니다. 2015년 4월 12일, 산둥성 칭다오시의 한 호텔에서 소리 없는 결혼식이 열렸습니다. 30㎡도 안 되는 장소, 5개의 연회석에 40명의 손님들 모두 수화로 신랑 신부에게 축복을 전합니다.

이 결혼식의 신랑은 53세의 터키 아저씨 호스니(본명 Husnu Yoruk)이며 신부는 바로 58세 칭다오 아주머니 리위신입니다. 그들은 모두 소리 없는 세상에 사는 농아인입니다.

7년 전, 친구의 소개로 터키인 호스니 씨와 칭다오 사람인 리위신 씨는 거리가 매우 먼 국제 인터넷 연애를 시작했고, 2010년 두 사람은 베이징에서 만났습니다. 호스니 씨는 리위신 씨에게 첫눈에 반했고 나이 50세가 넘은 그는 가족의 반대를 무릅쓰고 홀로 자신의 행복을 쫓아 칭다오에 왔습니다.

호스니 씨는 예전에 항공기 정비사로 이스탄불 공항에서 근무했었습니다. 과거에 한 번 결혼생활을 한 적이 있었지만 결코 행복하지 않았습니다. 그리고 그가 겪은 것은 멀리 중국 칭다오에 있는 리위신 씨와 매우 비슷했습니다. "인터넷으로 채팅할 때부터 그녀의 마음씨가 착하다는 것을 알았어요. 처음 그녀를 봤을 때 그녀와 함께 해야겠다고 결심했죠."

이 결혼식을 준비하기 위해 두 부부는 15일 동안 분주했습니다. 리위신 씨와 함께 있기 위해 호스니 씨는 2년 동안 중국 농아인의 수화 교류방식을 배웠고, 호스니 씨의 식습관에 신경 쓰기 위해 리위신 씨 역시 서양식 요리를 배웠습니다. 두 사람은 서로 부족한 것을 보완해주고 서로 배웁니다. 리위신 씨와 같이 있게 된 후부터 호스니 씨는 매일 아내에게 러브레터를 쓰는데, 이 러브레터들은 리위신 씨로 하여금 더욱 따듯함을 느끼게 해줍니다.

2014년 연말, 호스니 씨와 리위신 씨는 결혼증서를 받았습니다. 특별한 프러포즈 없이 두 사람은 그냥 이렇게 평범하게 함께 살기 시작했습니다.

친구들에게 둘러싸인 채 두 사람은 애정을 과시하며 서로에게 케이크를 먹여줍니다.

결혼식이 곧 시작되어 두 사람은 착석하였습니다.

두 사람은 호스트 좌석에 앉아 팔을 흔들어 모두에게 잔을 들라고 알려줍니다. 식장에는 여전히 정적이 흐릅니다.

피로연에서 리위신 씨의 친구는 수화로 자신이 쓴 축사를 낭독합니다.

하객들은 잔을 들어 축하하고 수화로 축복을 전합니다. 부부 두 사람도 잔을 듭니다.

피로연이 끝난 후 사람들은 잇달아 신혼부부와 기념사진을 찍습니다.

친구들이 하나둘씩 떠나자 호스니 씨가 구석에 서 있는데 약간 피곤해 보입니다.

리위신 씨와 호스니 씨는 자주 산책하고 등산하며 공원을 걷습니다. 두 사람은 매일같이 함께 합니다. 이 '나이 든 신혼부부'는 서로 매우 사랑하여 어딜 가든 손을 잡고 다닙니다.

칭다오에서 생활하는 모든 곳이 호스니 씨로 하여금 새롭다고 느껴지게 합니다. 만두를 빚고, 국수를 삶고, 밥 먹고 산책하며 시장에 가서 채소를 사는 것 등, 리위신 씨의 도움 아래 그는 천천히 모든 것에 적응해가고 있습니다.

집에는 항상 손님들이 오는데, 부부는 매우 친절히 대접합니다. 손님들 대부분이 그들의 연애 과정에 대해 물어보는데 이 이야기를 할 때마다 부부 둘은 매우 신이 나서 어쩔 줄 모르며 얼굴에 즐거움이 가득한 채 설명해줍니다.

현재 두 사람의 사랑은 이미 좋은 결실을 맺었습니다. 호스니 씨의 가족들도 점차 리위신 씨를 받아들였고, 호스니 씨의 가족들은 만약 3년 후에도 두 사람이 지금처럼 사랑한다면 리위신 씨가 터키에 와서 정착하기를 바라고 있습니다.

미래의 타국 생활에 대해 이야기하자 리위신 씨는 전혀 걱정되지 않는다고 하였습니다. 그녀는 두 사람이 함께 하기만 한다면 모든 것이 다 좋을 것이라고 이야기합니다.

1 曾经 일찍이, 이전에

부사 '曾经'은 '曾经＋동사＋过(일찍이 ~한 적이 있다)'의 형식으로 과거의 경험을 나타낸다.

> 他曾是一位飞机机械师，……，曾经有过一段婚姻，但并不幸福……。
> =曾经   일찍이, 이전에   시간의 단락의 세는 양사   결코 ~하지 않다

▶ 他曾经想过放弃实验。　　그는 일찍이 실험을 포기하려고 생각해본 적이 있다.

▶ 负责设计该游乐园的建筑师曾经解决过无数个建筑方面的难题。
　　이 놀이공원의 설계를 맡았던 건축가는 일찍이 건축 방면의 무수한 난제를 해결한 적이 있다.

2 형용사 중첩

형용사 중첩은 '매우 ~하다'는 강조의 의미를 나타내므로 다시 정도부사의 수식을 받을 수 없으며, 2음절 형용사는 AABB로 중첩한다.

> 他们领了结婚证，没有轰轰烈烈的求婚，……平平淡淡地走到了一起。
> 결혼증서를 받다   특별한, 정열적인   평범한

▶ 我看得清清楚楚。　　나는 분명히 봤다.

▶ 她干干净净地打扫了房间。　　그녀는 방을 깨끗이 청소했다.

1음절 형용사의 중첩형식은 AA로 중첩한 후, 두 번째 음절의 성조는 본래의 성조보다 약하게 읽거나 제1성으로 읽는다. 또한 중첩한 후 '儿화'되기도 하는데 이 때 두 번째 음절의 성조는 제1성으로 읽는다.

▶ 你周末好好儿休息吧。　　주말에 잘 쉬세요.

放弃 fàngqì 동 포기하다 ｜ 实验 shíyàn 명 실험 ｜ 负责 fùzé 동 책임지다 ｜ 设计 shèjì 동 설계하다 ｜ 游乐园 yóulèyuán 명 유원지, 놀이동산 ｜ 建筑师 jiànzhùshī 명 건축사 ｜ 无数 wúshù 형 수를 헤아릴 수 없다, 무수하다

3 陆续 끊임없이, 잇달아

부사로 나중에, 또는 중간에 끊김이 있을 수도 있으나 어쨌든 계속 이어진다는 것을 나타내며, 주어에는 단수의 대상이 올 수 없다.

> 朋友们陆续离场，许斯尼站在角落里，略显疲惫。
>
> 끊임없이, 잇달아　　　　　~에 서다　　　약간　~처럼 보이다

▶ 录取通知书会陆续寄给大家的。　　합격 통지서는 모두에게 잇달아 부쳐질 것이다.

▶ 邀请的嘉宾已陆续到达报告厅。　　초대한 손님들이 이미 잇달아서 세미나실에 도착했다.

4 无论 ~에 상관없이, 막론하고

접속사로 문장 맨 앞에 쓰여 어떤 조건이든지 결과는 변하지 않음을 나타낸다. 문어체에서 많이 사용하며, 구어체에서는 '不管'을 더 많이 사용한다. '无论'과 '不管' 뒤에는 대부분 정반형식, 의문사(선택의문사), '多么+형용사' 형식이 온다.

> 这对"老新人"十分恩爱，无论去哪儿都是手牵手。
>
> 부부를 세는 양사　　　　~에 상관없이　모두 ~하다

▶ 无论(不管)您提什么意见，我都欣然接受。　[의문사]
당신이 어떤 의견을 제시해도 나는 흔쾌히 받아들이겠다.

▶ 无论(不管)你去不去，反正我都要去。　[정반형식]
당신이 가든 안 가든 어쨌든 나는 갈 것이다.

▶ 无论(不管)多么困难，我们都要坚持到底。　[多么+형용사]
얼마나 어렵든지간에 우리는 끝까지 버텨야 한다.

录取通知书 lùqǔ tōngzhīshū 입학 통지서, 합격 통지서 | **邀请** yāoqǐng 동 초대하다 | **嘉宾** jiābīn 명 손님, 귀빈 |
欣然 xīnrán 부 흔연히, 기꺼이 | **困难** kùnnan 명 어려움, 곤란 | **坚持到底** jiānchí dàodǐ 끝까지 버티다

유의어 *Real* 풀이

1 举行 VS 举办

	举行 jǔxíng 동 거행하다, 개최하다	举办 jǔbàn 동 거행하다, 개최하다
공통점	모두 '거행하다, 열다, 개최하다'라는 의미를 가지고 있지만 결합되는 단어와 강조하는 의미가 다르다.	
차이점	단기간의 행사와 자주 결합한다. 종종 '在…举行(~에서 개최되다)'의 구조를 사용하는데 주로 행사가 개최되는 장소를 강조한다. 예 一般来说，各个国家都会举行像"远离烟草，关爱生命"这样的禁烟活动。 일반적으로 각각의 국가들은 '담배를 멀리하고 생명을 사랑하라'와 같은 금연 행사를 개최한다.	장시간의 혹은 정기적인 행사와 결합한다. 종종 '由…举办(~가 개최하다)'의 구조를 사용하는데 주로 행사의 주최자를 강조한다. 예 学校举办的乒乓球比赛你报名了吗? 학교가 개최하는 탁구시합에 너 신청했어?
搭配	…晚会(파티), …招聘会(채용박람회), …比赛(시합), …婚礼(결혼식), …运动会(운동회)	…奥运会(올림픽), …世博会(엑스포), …演出(공연), …运动会(운동회)

2 向 VS 朝 VS 往

	向 xiàng 전 ~을 향해서	朝 cháo 전 ~을 향해서	往 wǎng 전 ~을 향해서
공통점	모두 동작의 방향을 나타내며 전치사로 동사 앞에 오지만 결합해 쓰이는 단어에는 차이가 있다.		
차이점	① 뒤에 오는 동작의 대상으로 방향, 장소, 사람도 쓰일 수 있다. 예 他向父母说明了一切。 그는 부모에게 모든 것을 설명했다. 예 我要向台下坐着的1500名高三学生表示祝贺。 나는 무대 아래 앉아있는 1,500명의 고3 학생들에게 축하를 전하고 싶다.	① 뒤에 오는 동작의 대상으로 방향, 장소, 사람도 쓰일 수 있다. 뒤에 '着'를 쓸 수 있다. 예 他朝我走来。 그가 나를 향해 걸어왔다. 예 她常常朝着目标前进。 그녀는 항상 목표를 향해 전진한다.	① 뒤에 오는 동작의 대상으로 사람이 올 수 없으며, 방향, 장소만 올 수 있다. 예 往前一直走。 앞으로 쭉 가세요.
	② 동사 뒤에 보어로 사용할 수 있다. 예 走向未来 미래를 향해 나아가다	② 명사로 왕조, 조정을 나타내기도 한다. 예 唐朝 당조, 당나라	② 동사 뒤에 보어로 사용할 수 있다. 예 本次列车开往上海、南京。 이번 열차는 상하이, 난징으로 출발합니다.

搭配	…介绍(소개하다), …道歉(사과하다), …学习(본받다), …请假(휴가를 신청하다), …表示感谢(감사를 나타내다)	…+방향+开(~방향을 향해 열려있다), …+장소/방향+走去(~로 걸어가다), …+사람+招手(~를 향해 손을 흔들다)	…+방향+看(~를 향해 보다), 飞…(~를 향해 날아가다)

③ 互相 VS 相互

	互相 hùxiāng 부 서로, 상호	**相互** xiānghù 형부 상호의, 서로의
공통점	모두 '서로, 상호간의'라는 뜻으로 '帮助(도와주다)', '促进(촉진하다)', '合作(합작하다)', '配合(협력하다)', '学习(공부하다)', '照顾(돌보다)', '支持(지지하다)', '了解(이해하다)', '信任(믿다)' 등의 동사를 수식할 수 있다.	
차이점	부사로서, 동사만 수식할 수 있다. 예 在爱情里面，两个人由于互相吸引走到了一起。 사랑 안에서 두 사람은 서로 이끌려 함께 한다.	형용사로서, 명사를 수식할 수도 있고 술어로 사용될 수도 있다. 예 人与人之间的帮助是相互的。 사람과 사람 사이의 도움은 상호적인 것이다. 예 我们两个单位之间的相互关系是正常的。 우리 두 기업간의 상호관계는 정상적이다.

④ 常常 VS 通常

	常常 chángcháng 부 늘, 항상	**通常** tōngcháng 형부 통상, 일반
공통점	모두 동일한 동작이 자주 발생한다는 뜻을 나타내며, 서로 바꿔 쓸 수 있다. 예 我通常/常常在图书馆准备考试。　나는 종종 도서관에서 시험준비를 한다.	
차이점	부사로서, 동사를 수식하며 동작이 여러 번 출현함을 강조한다. 예 海底的动物常常说悄悄话，只是我们听不到而已。 해저동물은 항상 조용히 이야기를 하는데 그저 우리가 듣지 못하는 것뿐이다.	부사 용법 외에, 형용사로서 명사를 수식할 수 있으며 동작이 규칙적임을 강조한다. 예 蔬菜含糖量通常很低，热量也不高。 채소의 당도는 통상적으로 낮고 열량 역시 높지 않다. 예 在这种情况下，通常的做法是行不通的。 이러한 상황에서 통상적인 방법은 통하지 않는다.

远离 yuǎnlí 동 멀리하다 | 烟草 yāncǎo 명 담배 | 关爱 guān'ài 동 관심을 갖고 사랑하다 | 禁烟 jìnyān 동 금연하다 | 报名 bàomíng 동 신청하다, 등록하다 | 祝贺 zhùhè 동 축하하다 | 列车 lièchē 명 열차 | 悄悄 qiāoqiāo 부 조용히, 살며시 | 含糖量 hántángliàng 명 함유량 | 热量 rèliàng 명 열량 | 行不通 xíngbutōng 동 통하지 않다

인연이 있으면 천 리 밖에서라도 만날 수 있다

　2015년 중국의 아빠와 자녀가 함께 하는 프로그램 〈아빠 어디가〉 (시즌 3) 중 매우 잘생기고 착하며 의젓한 남자아이 리우누어이가 많은 시청자들의 시선을 사로잡았습니다. 누어이는 국제 결혼의 결정체로 아이의 아빠는 중국의 배우 리우예이며 엄마는 프랑스 기자 안나이스타모 마르탄(Anaistamo Martane)입니다. 2006년, 리우예와 안나는 프랑스 대사관에서 알게 되었고 첫눈에 반해 3년 후 베이징에서 성대한 결혼식을 올렸습니다. 현재 리우예와 안나는 아들 딸과 함께 행복하게 생활하고 있습니다.

　리우예와 안나를 제외하고도 현실에서 많은 달콤한 국제 연애(커플)들이 있습니다. 예를 들어 한국의 영화감독 김태용과 중국의 여배우 탕웨이도 2014년에 연인에서 부부로 발전하였습니다.

　지금은 국제 연애가 적지 않습니다. 다른 연애와 똑같이 국제 연애에도 웃음과 눈물이 있습니다. 그러나 문화 차이 등의 원인으로 국제 연애는 상대적으로 깨지기 쉽습니다. 비록 사랑은 거리를 따지지 않고 국적도 넘나든다고 하지만, 모든 국제 연애가 다 좋은 결과가 있는 것만은 아닙니다. 서로의 문화, 관념상의 차이는 가끔 사랑에 어려움이 가득하게 만듭니다.

　모든 사랑은 신경 써서 가꿔야 합니다. 이렇게 해야지만 문화 차이가 충돌을 가져오는 것이 아닌 사랑을 신비감 가득하게 만들 수 있습니다.

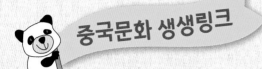

영화 《海角七号(하이자오 7번지)》는 1945년 일본의 패전으로 인해 타이완을 떠나게 된 일본인 교사가 일본으로 돌아가는 배 안에서 타이완인 여성에게 썼던 러브레터와, 60년 후 타이완 남부의 해변 마을에서 싹튼 타이완인 남성과 일본인 여성과의 사랑 이야기가 동시에 진행되는 영화입니다. 아래의 QR코드를 스캔해서 국제 연애 이야기를 담고 있는 영화 《海角七号》를 시청해보세요.

영화 《海角七号》

중국의 유명 감독 에드워드 양(杨德昌)의 작품에서 조감독을 맡았던 웨이더셩(魏德圣)의 데뷔작으로, 우리나라에서는 2008년 〈하이자오 7번지〉라는 이름으로 개봉한 타이완 영화입니다.

줄거리

록음악의 꿈을 접고 고향 헝춘(恒春)으로 돌아와 임시 우체부로 일하고 있는 아지아(阿嘉). 하지만 그는 우편물을 배달하지 않고 방안에 쌓아두기만 할 뿐입니다. 무기력한 시간을 보내던 아지아는 타이완의 헝춘에서 열리는 '일본 슈퍼스타 해변 콘서트'에 참가하기 위해 마을 사람들로 급조된 아마추어 밴드를 결성하게 되고, 행사를 돕는 일본인 모델 토모코와 티격태격하다 어느덧 호감을 느끼게 됩니다.

한편 아지아의 방안 우편물 더미 속에는 일본에서 온, 이젠 존재하지도 않는 옛 주소로 보내는 오래된 편지가 있었고 그것은 놀랍게도 60여 년 전에 쓰여진 일곱 통의 러브레터였습니다. 60년의 세월을 뛰어넘어 도착한 편지 속에는 이루지 못한 사랑과 그리움으로 가득 찬 한 남자의 사연이 담겨져 있는데… 과연 60년간 잠들어 있던 편지는 무사히 주인에게 전해질 수 있을까요? 그리고 아지아와 토모코의 사랑은?

중국 고대와 현재의 국제 연애

　시대의 발전과 변화에 따라 중국에서도 국제 연애, 국제 결혼이 점차 증가하고 있습니다. 중국의 매년 국제 결혼의 통계가 정확하지는 않지만 남자보다는 여자가 국제 결혼을 더 많이 하였고, 국제 결혼이 가장 많은 지역은 윈난(云南)이라고 합니다.[바이두, 2018년 기준] 그렇다면 중국은 역사적으로 언제부터 국제 연애나 국제 결혼이 있었을까요?

　기록으로 전해지는 고대의 국제 연애 1호 커플은 바로 명나라 3대 황제인 영락제(永乐帝)와 권비(权妃)입니다. 권비(权妃)는 조선인으로 조선왕조 초기에 명나라 공녀로 차출되어 영락제의 현인비(显人妃) 자리까지 오른 인물입니다. 총명하고 우아해서 영락제는 퇴청하면 늘 그녀를 찾아와 피리소리를 들으며 피로를 풀었다고 합니다.

원래 영락제에게는 수많은 궁녀가 있었으나, 그중 유독 권비를 아끼고 사랑하여 1410년 몽골 정벌에 나서면서도 권비를 동행시켰고 오랜 원정 도중 권비가 돌연 사망했다고 하는데, 영락제는 매우 슬퍼하며 장사를 지냈고 조선왕조실록에 전하기를 영락제가 그녀의 부음을 전하며 눈물을 머금고 탄식했는데 말을 잇지 못할 지경이었다고 기록되어 있습니다.

　우리가 잘 알고 있는 쑨원(孙中山) 역시 국제 결혼을 했었는데요, 첫 번째 부인인 오츠기 카오루와 결혼해서 딸을 낳았지만 이혼했고, 두 번째 부인 역시 일본인(아사다 카오루)이었습니다. 우리가 알고 있는 중국인 부인 쑹칭링(宋庆龄)은 세 번째 부인입니다.

　이 밖에도 중국의 위대한 사상가 궈모러(郭沫若) 역시 일본 유학시절 일본인과 결혼하였지만 후에 이혼하였고, 청나라 마지막 황제인 푸이(溥仪)의 동생 푸제(溥杰)의 아내, 중화민국 초 정치가인 캉유웨이(康有为)의 아내 역시 모두 일본인으로 중국에도 예전부터 국제 연애와 국제 결혼이 적지 않게 있었음을 알 수 있습니다.

UNIT
03
外婆的千层底
외할머니의 헝겊신 밑창

📋 **학습 내용**

• 외할머니는 10살 가량부터 신발 밑창을 박는 기술을 배우셨습니다. 올해 76세인 할머니는 몇 십 년을 하루같이 한 땀 한 땀 여러 겹의 헝겊을 대어 만든 신발 밑창을 박아 이미 직접 900여 켤레의 헝겊신을 만드셨습니다.

✏️ **학습 목표**

• 중국의 헝겊신은 오랜 역사와 전통을 가지고 있으며 헝겊신을 만드는 공예 역시 계속 계승되어 하나의 문화로 자리잡았습니다. 이 과에서는 헝겊신을 만드는 과정을 배워 보고 헝겊신을 판매하는 중국의 라오쯔하오 기업에 대해서도 알아보도록 합니다.

외할머니의 헝겊신 밑창

외할머니는 후난성의 한 산골마을에 살고 있습니다. 1920~30년대에 태어난 대다수의 투지아족(土家族)* 여자들처럼 올해 76세인 외할머니는 10살 가량부터 신발 밑창을 박는 기술을 배우기 시작했습니다. 할머니는 선조들로부터 신발 만드는 수공 기술을 이어받아 몇 십 년을 하루같이 한 땀 한 땀 여러 겹의 헝겊을 대어서 만든 신발 밑창을 박습니다. 할머니 기억으로 당신이 만드신 헝겊신은 이미 900켤레가 넘습니다.

정교한 작은 대나무 바구니에 바늘과 실, 헝겊조각, 가위가 놓여져 있습니다. '千层底(천 층 밑창)'라는 말은 덧대어진 수가 많아 생긴 이름입니다. 비록 진짜로 1천 개 이상의 헝겊이 덧대어진 것은 아니지만 한 짝 당 최소 20여 개 헝겊이 덧대어져 있습니다. 면직물을 풀로 붙이고, 마른 뒤 신발 모양으로 잘라 중간에 딱딱한 종려나무 껍질을 넣은 후, 한 땀 한 땀 박으려면 신발 한 짝당 적어도 6미터나 되는 실을 3개나 써야 합니다. 헝겊신의 이야기와 제작 방법에 대해 외할머니는 속속들이 잘 알고 계십니다.

"밑창은 한 땀 한 땀 박아야 해. 하기가 쉽지 않아서 하루에 밑창 한 개도 다 못 만든단다." 아침 일찍부터 외할머니는 신발 밑창을 꺼내 들고 어제 남은 일을 이어서 하십니다.

투지아족의 풍속에서 딸을 시집 보내거나 며느리를 들일 때 친가의 친척들과 친구들에게 헝겊신을 한 켤레 선물하는 것은 없어서는 안 될 예절입니다. 2년 전, 외할머니는 저와 제 아내에게도 직접 만드신 헝겊신을 결혼 선물로 보내주셨고, 신기 아까워서 우리는 줄곧 소중하게 보관하고 있습니다.

사이즈가 표기된 신발 견본은 할머니가 판지를 잘라서 만든 것입니다.

신발 견본의 사이즈에 따라 밑창 형태를 헝겊에 표시하여 오려내는

---

* 土家族(투지아족)
투지아족은 중국 55개 소수민족 중 하나로 주로 후난(湖南), 후베이(湖北), 구이저우(贵州), 쓰촨(四川), 충칭(重庆) 지역에 거주하고 있다. 직물과 자수품, 전지공예, 납염(밀초를 사용해서 물들이는 일) 등이 투지아족의 전통 공예이다.

데 이것이 밑창을 만드는 첫 번째 단계입니다.

외할머니께서 처음 신발 밑창을 박을 때는 당신이 직접 꼬은 삼실을 사용했었는데, 지금은 보통 실을 사용한다고 하셨습니다.

밑창의 두께는 필요에 따라 덧대면 되는데, 만들 때는 골무와 바늘집게를 사용해야 합니다.

헝겊 한 층을 더하고, 가장자리를 수선하고, 열 몇 층의 헝겊을 덧대면 신발 밑창이 거의 다 완성됩니다.

마지막으로 밑창의 남은 가장자리를 잘라주면 됩니다.

밑창을 박는 것은 힘이 들 뿐만 아니라 신발의 갑피(아직 창을 대지 아니한 신발의 양측 볼)를 만드는 것도 열 몇 단계를 거쳐야 합니다. 신발 한 짝의 갑피를 만들려면 거의 3시간 반이 걸립니다.

"몸 괜찮을 때 몇 켤레 더 만들어야지."라고 외할머니께서 말씀하십니다. 막 만든 헝겊신을 보며 외할머니는 만족하신 듯 웃으십니다.

평소에는 마을의 젊은 여성들이 외할머니에게 신발 만드는 방법을 가르쳐 달라고 찾아옵니다. 요즘 많은 사람들이 복고와 단순한 스타일을 추구하는데, 수공 헝겊신은 공기가 잘 통하고 편해서 사람들에게 주목 받고 있고, 적지 않은 사람들이 외할머니를 찾아와 헝겊신을 만들어 달라고 부탁합니다.

두꺼운 흰 밑창, 단순한 색의 갑피, 배 모양의 외형, 여러 겹의 헝겊을 덧댄 신발의 모양은 소박하면서도 예쁩니다.

외할머니는 헝겊신을 만드는 과정이 번잡하여 천천히 만들어야 정교한 신발이 나온다고 말씀합니다. 최근 외할머니께서 연세가 많은 탓에 손에 힘이 없어 만드는 것이 더 늦어지고 있어, 신발 한 켤레를 완전하게 다 만들려면 4~5일이 걸립니다.

촘촘한 땀이 한 땀 한 땀 이어져 작은 마름모꼴로 나타난 것이 매우 정교하며, 완성된 신발에서는 실밥 하나 보이지 않습니다. 저는 그 층층이 박힌 매우 세밀한 바늘구멍이 외할머니가 한 평생 놓지 못하는 인연이라는 것을 알고 있습니다. 평일에 틈만 나면 할머니는 밑창을 만들기 시작합니다. "헝겊신을 좋아하는 사람이 있으면 난 기뻐. 만약 젊은 사람들이 바늘을 가지고 헝겊신의 밑창 박기를 원해서 이 기술이 없어지지 않는다면 더 좋겠고!"

주요 문법 *Real* 풀이

1 **尽管…但…** 비록 ~하지만 그러나 ~하다

접속사로 선행절은 어떠한 사실을 나타내고 후행절은 그와 상반된 사실을 나타낸다.

> 尽管不是真的上千层，但每只鞋底起码也有二十多层。
>
> 비록 ~하지만 그러나 ~하다　　　　　최소한

▶ 尽管还没有看到人，但我知道肯定是哥哥来了。
　　비록 아직 사람을 보지는 못했지만 나는 분명 오빠가 왔다는 것을 안다.

▶ 尽管北京地铁的票价提高了不少，但选择乘坐地铁的人数仍然没有减少。
　　비록 베이징 지하철의 티켓 가격이 적지 않게 올랐지만, 지하철 탑승 인원수는 여전히 줄지 않았다.

2 **舍不得** 아쉽다, 미련이 남다

동사 '舍不得'는 뒤에 어떤 동작이나 행위(동사)가 와서 '~하기 아쉽다'라고 쓰기도 하고 단독으로도 사용이 가능하다.

> 外婆还给我和妻子送了……，因为舍不得穿，我们一直珍藏着。
>
> ~하기 아쉽다, 아깝다

▶ 他舍不得卖自己的画儿。　　그는 자신의 그림을 팔기 아쉬워한다.

▶ 妹妹结婚，真有些舍不得。　　여동생이 결혼하는데 정말 좀 아쉬워.

提高 tígāo 통 향상되다, 오르다　｜　选择 xuǎnzé 통 선택하다　｜　乘坐 chéngzuò 통 (자동차·배·비행기 등을) 타다　｜　仍然 réngrán 부 여전히　｜　减少 jiǎnshǎo 통 줄어들다, 감소하다

3 ▸ 접속사 因此

접속사 '因此'는 '그리하여, 그래서'라는 뜻으로 '所以'와 그 의미가 같지만 원인을 나타
내는 접속사 '因为'와 함께 쓸 수 없고 쉼표 뒤 두 번째 절, 혹은 원인이 되는 문장 뒤에
위치한다.

如今，很多人追求怀旧和朴实的风格，……，因此很受人们的青睐。

최근, 요즘 　　　　 ~한 스타일을 추구하다 　　　　 따라서 ~의 주목을 받다

▸ 机会永远留给有准备的人，因此我们要坚持学习，努力提高自己各方面的能力。
기회는 영원히 준비된 사람에게 주어진다. 따라서 우리는 꾸준히 공부하고 각 방면에서 자신의 능력을 향상시켜
야 한다.

▸ 新手开车上路一般会比较紧张，常出现判断不准与前车的距离等情况。因此新手上
路前一定要多练习，并放松心情。
초보운전자들에게는 운전 시 비교적 긴장하여 앞차와의 거리가 정확하게 판단되지 않는 등의 상황이 자주 나타
나게 된다. 따라서 초보자들은 도로주행 전에 반드시 연습을 많이 해야 하고 아울러 긴장을 풀어야 한다.

3 ▸ 一…就(便)…　~하자마자 바로 ~하다

시간의 순서에 따라 상황이 앞 뒤로 이어져 동작의 순차관계를 나타낸다.

平日里，一有空闲，她便做起鞋底来。

~하자마자 바로 ~하다　　~하기 시작하다(보어)

▸ 她最近一起床就练瑜伽。　그녀는 최근 아침에 일어나자마자 요가를 한다.

▸ 他一回来我就跟您联系。　그가 돌아오면 제가 바로 당신께 연락을 드릴게요.

永远 yǒngyuǎn 부 영원히 ｜ **坚持** jiānchí 동 견지하다, 고수하다 ｜ **新手** xīnshǒu 명 신참, 초보자 ｜ **判断** pànduàn
동 판단하다 ｜ **距离** jùlí 명 거리 ｜ **练习** liànxí 동 연습하다 ｜ **放松** fàngsōng 동 늦추다, 긴장을 풀다 ｜ **心情**
xīnqíng 명 심정, 기분 ｜ **练瑜伽** liàn yújiā 요가를 하다 ｜ **联系** liánxì 동 연락하다

① 尽管 VS 虽然

	尽管 jǐnguǎn 접 비록 ~라 하더라도 부 얼마든지, 마음 놓고	虽然 suīrán 접 비록 ~일지라도
공통점	모두 전환관계를 나타내며 후행절에는 '可是', '但是'가 온다. 선행절은 어떠한 사실을 나타내고 후행절은 그와 상반된 사실을 나타낸다. 예 虽然/尽管现在遇到了困难，但是要相信到最后一定会找到解决的办法的。 　　비록 현재 어려움에 부딪히더라도 마지막에는 분명 해결할 방법을 찾을 수 있을 것이라 믿어야 한다.	
차이점	부사 용법이 있어 동사를 수식할 수 있다. 예 有什么要帮忙的，尽管找我。 　　어떤 도움이 필요하다면 얼마든지 저를 찾아오세요.	부사 용법이 없다.

② 朴实 VS 朴素

	朴实 pǔshí 형 소박하다, 꾸밈이 없다	朴素 pǔsù 형 소박하다, 꾸밈이 없다
공통점	모두 '(사람이) 치장한 것이 소박하다, 꾸밈이 없다'는 의미를 가지고 있다. 예 他和爱人都是很朴素/朴实的人。 　　그와 아내는 모두 소박한 사람이다.	
차이점	'꾸밈이 없다'는 뜻 외에도 '사람이 절약하며 낭비하지 않는다, 검소하다'는 의미를 나타내기도 한다. 예 他们都勤劳、勇敢而又朴实。 　　그들은 다들 근면하고 용감하며 소박하다. 예 他的言行性格都很朴实。 　　그의 언행과 성격은 모두 성실하다.	사람의 언어, 동작, 성격을 묘사하는 데 사용 가능하며 '착실하다, 과장되지 않다'는 의미를 나타낸다. 예 她的穿戴朴素大方。 　　그녀의 옷차림이 수수하고 점잖다. 예 他的生活艰苦朴素。 　　그의 생활은 어렵고도 소박하다.

遇到 yùdào 동 만나다, 부딪히다 ㅣ 困难 kùnnan 명 어려움, 곤란 ㅣ 解决 jiějué 동 해결하다 ㅣ 勤劳 qínláo 형 부지 런히 일하다, 근면하다 ㅣ 言行 yánxíng 명 언행, 말과 행동 ㅣ 性格 xìnggé 명 성격 ㅣ 穿戴 chuāndài 옷차림, 차림새 ㅣ 大方 dàfang 형 (스타일·색깔 따위가) 고상하다, 점잖다 ㅣ 艰苦 jiānkǔ 형 고달프다, 힘들고 어렵다

❸ 风格 vs 作风

	风格 fēnggé 명 스타일, 풍격	**作风** zuòfēng 명 기풍, 태도, 풍격
차이점	어떤 사람이나 단체가 표현해내는 기개, 특징을 나타내며 문예작품, 건축물, 어떤 시대의 특징을 가리키기도 한다. 예 说直话是他一贯的风格。 직언하는 것은 그의 일관된 태도이다. 예 齐白石在花鸟画上所形成的新风格已经成熟，带有他个人的特色。 화조화에서 형성된 치바이스의 기개는 이미 무르익어 그 나름의 특색을 가지고 있다.	사상, 일, 생활 등의 방면에서 표현되는 태도나 행위를 나타낸다. 예 我们保持节俭的生活作风。 우리는 검소한 생활 태도를 유지해야 한다.
搭配	艺术(예술)…, 民族(민족)…, 建筑(건축)…, 别致的(특별한)…, …高尚(고상하다)	工作(업무)…, 生活(생활)…, 诗歌(시가)…, 优良的(훌륭한)…, 言行一致的(언행일치의)…, 改进(개선하다)…, 转变(바꾸다)…, 保持(유지하다)…

❹ 受 vs 收

	受 shòu 동 받다	**收** shōu 동 받다
공통점	모두 동사로 '받다'라는 의미를 나타내며 뒤에 보어 '到(목적의 달성)'를 쓸 수 있다.	
차이점	뒤에는 추상적인 명사(목적어)만 온다. 예 我最近受到了很大的压力。 나는 요즘 스트레스를 많이 받았다. 예 他在医院受到了无微不至的关怀。 그는 병원에서 세심한 보살핌을 받았다.	뒤에는 구체적인 명사(목적어)만 온다. 예 你收到了我给你发的邮件吗? 제가 당신에게 보낸 메일 받으셨어요? 예 收到家里的手书，他不胜感动。 집에서 보낸 친필 서신을 받고서 그는 감동해 마지않았다.

直话 zhíhuà 명 직언, 바른말 | **花鸟画** huāniǎohuà 명 화조화 | **形成** xíngchéng 동 형성하다 | **成熟** chéngshú 형 성숙하다 | **特色** tèsè 명 특색 | **节俭** jiéjiǎn 동 절약하다 | **无微不至** wúwēi búzhì 성 미세한 것까지 이르지 않음이 없다, (관심이나 보살핌이) 매우 세밀하고 두루 미치다 | **关怀** guānhuái 명 관심, 친절 | **不胜** búshèng 부 대단히, 십분

중국 헝겊신 유행의 변화

중국 헝겊신은 수천 년의 역사를 지니고 있으며 옛 베이징의 헝겊신이 대표적입니다. 1853년 설립된 베이징 네이롄셩(内联升)은 신발 바닥에 헝겊을 여러 겹 덧댄 헝겊신을 생산, 제작하는 것으로 이름난 라오쯔하오(老字号) 신발 공장으로 '중국 헝겊신 일등 가게'로 불립니다. 헝겊신은 천을 기본 재료로 하고 굽이 낮은 신발이 대부분입니다. 신발 밑창은 무명실을 써서 수공으로 제작하는데, 통기성이 좋고 편안하며 가볍다는 등의 특징이 있어 사람들에게 인기가 많습니다.

가죽구두 생산기술은 중국에 들어온 이후 세련된 디자인으로 바로 옛 베이징의 헝겊신 시장을 점령하였고, 수공 헝겊신은 중국인들의 패션 시야에서 벗어나 심지어 한동안은 '촌스러움'의 상징으로 여겨졌습니다. 그리하여 네이롄셩을 대표로 하는 헝겊신 기업들은 혁신 끝에 가죽구두 기술과 현대적 디자인을 융합하여 전통의 속박을 깨고 고전과 유행의 결합을 실현시켰고, 최근에는 종류와 디자인이 다양해지고 발전함에 따라 개성과 패션을 좇는 젊은이들도 헝겊신을 좋아하게 되었습니다. 전통 헝겊신의 부흥에 대해, 네이롄셩 사장 청라이샹(程来祥)은 헝겊신과 가죽구두는 두 종류의 문화를 나타내는데, 가죽구두와 정장은 리듬이 빠른 비즈니스식의 생활 방식을 나타내고, 헝겊신은 편안하고 쉴 수 있는 '가정'의 문화를 함축하고 있다고 하였습니다. 그는 중국식 헝겊신이 유행하는 패션으로 다시금 부활한 것은 결코 우연이 아니라 정교한 생활에 대한 사람들의 갈망을 반영한 것이라고 하였습니다.

중국 투지아족, 동족 등의 민족적 풍습에서 헝겊신을 선물하는 것은 여성이 사랑의 감정을 전하는 하나의 방식입니다. 만약 남녀 둘 사이의 감정이 좋게 발전한다면, 여자는 남자에게 정교한 수공 헝겊신을 선물합니다. 결혼할 때 신랑이 신는 헝겊신은 매우 정교하게 만들어지는데, 밑창은 보통 흰색으로 고상하고 순결한 사랑을 상징하며, 구두 코에 있는 예쁜 꽃과 새는 아름다운 행복을 상징합니다.

2008년 네이롄셩의 신발 바닥에 헝겊을 여러 겹 덧대는 헝겊신 제작 기술은 중국 국가급 무형문화유산 명단에 올랐습니다. 수공 헝겊신은 유행으로 변화하고 있으며 사람들의 일상생활로 돌아오고 있습니다.

'중국 헝겊신 일등 가게'인 네이롄성(内联升)은 오랜 전통을 가진 가게에만 주는 베이징 '라오쯔하오(老字号)'로 유명합니다. 네이롄성에 대해 간단히 알아보고, 아래 QR코드를 스캔하여 《헝겊신》 영상 속의 네이롄성 장인이 이야기하는 신발 밑창 제작 기술과 품질 관리에 대한 이야기를 들어보세요.

베이징의 네이롄성

베이징의 네이롄성 수공 신발 회사의 본점은 쳰먼 따자란(前门大栅栏) 34호에 위치하고 있습니다. 네이롄성에서 생산하는 헝겊신(千层底布鞋)은 이미 국내외에 유명한데, 네이롄성은 현재 중국 최대규모의 수공예 헝겊신 생산 기업입니다.

회사는 1988년에 원래 본점 지역에서 면적 1,700여 m²의 새 건물을 지었습니다. 외관은 청나라 건축 풍격을 살려 황색 기와에 붉은 기둥을 예스럽게 지어냈으며, 내부는 민족 특색으로 꾸몄습니다.

내부로 들어가면 형형색색의 전통 신발에서부터 현대적 감성의 신발까지 다양한 신발을 볼 수 있으며, 직접 신발을 제작하는 모습까지 볼 수 있어 쇼핑의 즐거움은 물론, 중국 전통 신발에 대한 정신까지 동시에 엿볼 수 있습니다.

주소: 北京市 西城区 前门大栅栏 34号
사이트: http://www.nls1853.com/

중국의 라오쯔하오

'라오쯔하오(老字号)'는 중국의 역사와 문화를 자랑하는 대표적인 기업들을 말합니다. 보통 100년, 심지어는 600년 넘게 전해 내려오는 기업들로 현 시대와 함께 호흡하는, 시간이 그 가치를 증명하는 기업들이라고 할 수 있습니다. 라오쯔하오가 되려면 네 가지 조건을 만족시켜야 하는데요, 첫째, 역사가 길어야 하고, 둘째, 중국문화에 기여해야 하며, 셋째, 대중적인 인지도가 있어야 하고, 넷째, 우수한 품질을 갖춰야 한다고 합니다. 그렇다면 이번 과에서 배운 네이렌성 이외에 중국의 라오쯔하오에는 어떤 기업들이 있을까요?

● 茅台酒(마오타이주): 라오쯔하오 브랜드 중 1위에 꼽히는 것은 구이저우(贵州)의 마오타이주입니다. 바이주(白酒)를 대표할 수 있는 마오타이주는 입안에 넣으면 술 향기가 가득 차며, 곧 부드럽고 섬세한 전향을 느낄 수 있습니다. 또한, 알코올 도수가 높은 경우에도 자극이 크지 않은 것이 특징입니다.

● 同仁堂(퉁런탕): 중국 최대의 제약회사로 강희(康熙) 8년인 1669년에 베이징 쳰먼(前门)의 작은 약방에서 시작하였습니다. 각 지방의 비방으로 전해지던 청심환을 처음으로 상업화하면서 '명약을 만드는 약방'으로 공인되었습니다. '제조가 복잡하다고 인력을 아끼지 않고, 재료가 비싸다 하여 재료를 아끼지 않는다', '내가

하는 일을 아무도 보지 않더라도 하늘만은 알고 있다'는 경영 원칙을 가지고 현재까지 운영되고 있으며 현재 전세계 50여 개 국가와 지역에서도 퉁런탕을 만나볼 수 있습니다.

이 외에도 카오야(烤鸭)로 유명한 취엔쥐더(全聚德), 빠오즈(包子)로 유명한 거우뿌리(狗不理), 굴소스로 유명한 리진지(李锦记), 제과로 유명한 타오샹춘(稻香村), 음료로 유명한 왕라오지(王老吉), 유명한 만두가게인 떠우이추(都一处) 등이 있습니다.

UNIT

04

艾比班的双面生活

하비베 씨의 더블라이프

📋 학습 내용

• 하비베 라힘 씨는 신장 위구르 자치구의 선생님인 동시에 여러 낭(馕) 가게의 설립자이기도 합니다. 하비베 씨는 신장 낭의 전통문화를 전파하여 더 많은 사람들이 낭의 의학적 가치를 알길 바랍니다.

✏️ 학습 목표

• 위구르족과 카자흐족이 즐겨먹는 낭(馕)에 대해 알아보고, 선생님이자 낭 가게의 설립자로서 바쁘게 더블라이프를 즐기고 있는 하비베 씨의 일상을 따라가 보도록 합니다.

하비베 씨의 더블라이프

1996년, 하비베 라힘 씨는 신장사범대학을 졸업하고 이닝시 제15초등학교의 교사가 되었습니다.

2015년 7월, 기자가 신장 이닝에서 하비베 씨를 만났습니다. 분홍색 옷을 입은 그녀는 유능하고 우아하며 지적이면서도 친절한 면모를 발산하고 있었습니다.

하비베 씨는 비록 한족학교를 다니진 않았지만 유창한 중국어를 구사하였는데, 이는 그녀의 아버지가 과거 이리주(伊犁州)* 교육국에서 근무하신 까닭에 어려서부터 제15초등학교 뒤편의 교육국 사택**에서 살았고 한족 친구들이 많이 있었기 때문입니다. 하비베 씨의 가장 친한 친구는 이웃이었던 한족 어우양 씨입니다. 하비베 씨는 어우양 씨가 수학을 무척 잘해서 어렸을 때 모르는 수학문제가 있으면 모두 그녀에게 도움을 받았다고 회상하며 말해주었습니다.

어우양 씨는 현재 유치원 선생님인데 두 사람은 30년 동안 중간에 연락한 번 끊긴 적 없이 지금도 여전히 자주 함께 교육 문제에 대해 이야기합니다.

하비베 씨에게는 또 다른 직업이 있습니다. 바로 이닝시 시파이(西帕伊) 영양 낭(饢) 가게의 설립자인데, 이 가게는 현지에서 꽤 인기가 있습니다.

하비베 씨는 어려서부터 낭 먹는 것을 좋아했는데 어느 날 어머니께 "낭은 맛있긴 한데, 종류가 하나 밖에 없네. 왜 호두나 우유는 넣지 않는 거야?"라고 말하자 어머니께서 그녀의 방법대로 낭을 만들어 주셨고 이렇게 만든 낭이 맛도 좋고 영양가도 있다는 것을 알게 되었다고 합니

---

* 伊犁州(이리주)
신장 위구르 자치구(新疆维吾尔自治区) 이리하싸커(伊犁哈萨克) 자치구의 간칭이다.

** 家属院(사택)
도시와 읍(城镇)에서 일부 기관들이 직원들에게 거주할 수 있는 단지를 제공하는데, 이 단지에 거주하는 사람들은 거의 다 이 직장의 직원 및 가족들이다.

다. 그리하여 천천히 호두낭, 우유낭 등은 점차 하비베 씨 가족의 새로운 상품이 되었습니다.

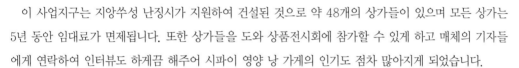

2009년, 하비베 씨는 제15초등학교 뒤편에 10여 ㎡가 되는 가게를 임대했습니다. 작은 가게의 진열대에 가족의 '실험품'들을 가득 진열하여 외부에 판매하기 시작했습니다.

2011년 그녀의 아버지가 낭 가게에 자금을 투자하였지만 일손이 부족하고 큰 가게를 찾지 못해 낭 가게는 줄곧 발전하는 기색이 없었지만, 2012년이 되어 하비베 씨가 낭 가게를 민속문화 수공업지구로 옮기고 난 뒤부터는 사업이 자리잡기 시작했습니다.

이 사업지구는 지앙쑤성 난징시가 지원하여 건설된 것으로 약 48개의 상가들이 있으며 모든 상가는 5년 동안 임대료가 면제됩니다. 또한 상가들을 도와 상품전시회에 참가할 수 있게 하고 매체의 기자들에게 연락하여 인터뷰도 하게끔 해주어 시파이 영양 낭 가게의 인기도 점차 많아지게 되었습니다.

가게에 있는 낭은 주로 도매로 공항, 기차역, 낭 소매점에 납품됩니다. 일반적으로 매일 25㎏ 짜리 밀가루 12포대를 사용하는데, 주문이 많을 때는 15포대를 사용하기도 합니다.

현재 이미 베이징, 상하이에서도 주문을 받았다고 하비베 씨가 이야기합니다.

2015년, 시파이 영양 낭 가게는 둔마이리에 아이스크림 가게 하나, 밀크티 가게 하나, 낭 가게 네 개를 포함한 여섯 개의 지점을 오픈하였는데 총 면적 400㎡로 직원이 모두 45명입니다.

하비베 씨는 평소에는 강의 업무의 압박으로 낭 가게는 가족들이 관리하고 있으며, 주말이나 휴일이어야만 자신이 가게를 돌볼 시간이 있다고 하면서 지금의 가게 규모가 있을 것이라고는 처음에 생각도 못했다고 하였습니다.

하비베 씨에게는 12살 된 딸과 5살 된 아들이 있습니다. 평소에 아이들은 할머니 집에서 살고 바쁘지 않을 때 하비베 씨가 두 아이를 보러 옵니다.

위구르족에게서 낭은 없어서는 안 되는 것으로, 하루 세 끼 낭을 먹어도 질리지 않지만 이 낭의 영양가치를 아는 사람은 많지 않습니다.

하비베 씨는 퇴직 후에 대형 공장을 차려서 학교의 아이들도 공장으로 견학 오게 하고, 더 많은 종류의 낭을 개발하고 낭의 전통과 문화를 전파하여서 더 많은 사람들로 하여금 낭의 의학적 가치를 알게 해주고 싶다고 말합니다.

1 ▶ 于是　그리하여, 그래서

접속사로, 두 번째 문장 앞에 사용되어 '그리하여, 그래서'라는 의미를 나타낸다. '所以'와 다른 점이라면 '所以'는 선행절과 후행절의 관계가 원인과 결과라는 인과관계를 나타내고, '于是'는 선행절의 사건이 후행절의 사건을 야기한 것, 즉 선행절의 사건으로 인해 후행절의 결과가 나타난 것이라고 할 수 있다.

> "…… 为什么……？" 于是，母亲就按照艾比班的方法做馕……
>
> (하비베 씨의 궁금증이)　그리하여　(어머니가 낭을 만드는 것을 야기함)　방법에 따라

▶ 宋濂却说："不管风雪多大，我都必须上路。"于是宋濂背上行李，踏着几尺深的积雪一个人上路了。

송렴은 오히려 "눈바람이 얼마나 불든 간에 나는 반드시 가야겠네."라고 말했다. 그리하여 그는 짐을 메고 몇 척이나 두껍게 쌓인 눈을 밟으며 홀로 길을 나섰다.

▶ 他还发现，胡雪岩不仅算盘打得快，而且勤快好学，于是便主动跟金华火腿行的老板提出，让胡雪岩去钱庄做事。

그는 호설암이 주판을 빨리 다루고 부지런하며 배우기 좋아한다는 것을 알게 되었다. 그리하여 주동적으로 진화햄 회사 사장에게 그를 전장에 가서 일하게 하라고 청하였다.

2 ▶ 按照　～에 따라

전치사로, 규정(规定), 요구(要求), 계획(计划), 순서(顺序), 경험(经验)을 기준으로 삼아 무언가를 한다는 것을 나타낸다.

> 于是，母亲就按照艾比班的方法做馕，发现……馕又好吃又有营养。
>
> ～에 따라　　　　～하면서 ～하다

▶ 按照设计师的计划，要在内部的墙壁上安装一面大镜子。
설계사의 계획에 따라 내부 벽에 큰 거울을 하나 설치했다.

▶ 要督促自己每天按照计划做事，尽量不要脱离计划。
매일 계획에 따라 일하게끔 자신을 독촉해야지 최대한 계획에서 벗어나면 안 된다.

3 보어 起来

동사 혹은 형용사 뒤에 사용되어 상태의 출현과 가중, 시작과 지속, 가설 등을 나타낸다.

> 西帕伊营养馕店的名气逐渐<u>大</u>了起来。
>
> → 상태의 출현과 가중

▶ 布鞋尤其是手工布鞋又重新流行起来。 [상태의 출현과 가중]
형겊신 특히 수공으로 만든 형겊신이 또 다시 유행하기 시작했다.

▶ 孩子们高兴地唱起歌来了。 [시작과 지속]
아이들은 신난 듯 노래를 하기 시작했다.

▶ 说起来容易，做起来难。 [가설]
말하기는 쉽지만 실천하기는 어렵다.

4 가능보어

가능보어란 동사서술어가 어떤 결과를 만들어낼 수 있는지의 가능 여부나 객관적인 조건이 있는지의 여부를 나타낸다. 긍정 형식은 '동사＋得＋보어', 부정 형식은 '동사＋不＋보어'이다. 목적어는 일반적으로 가능보어 뒤에 출현한다.

> 维吾尔族人<u>离不开</u>馕，一天吃三顿都不会腻，但是很少有人……。
>
> → 떼려야 뗄 수 없다 [가능보어의 부정 형식]

▶ 我看得懂中文菜单。 나는 중국어 메뉴를 알아볼 수 있다.

▶ 我看不清楚黑板上的字。 나는 칠판의 글씨가 잘 안 보인다.

上路 shànglù 동 여정에 오르다, 출발하다 ㅣ 踏 tà 동 밟다, 나가다, 나서다 ㅣ 积雪 jīxuě 명 쌓인 눈 ㅣ 胡雪岩 Hú Xuěyán 명 호설암 [청(清)말의 상인으로 1품 관직에 오른 인물] ㅣ 算盘 suànpán 명 주판, 주산 ㅣ 勤快好学 qínkuài hàoxué 부지런하고 배우는 것을 좋아하다 ㅣ 火腿 huǒtuǐ 명 (중국식) 햄 ㅣ 钱庄 qiánzhuāng 명 전장 [옛날, 개인이 운영하던 금융기관] ㅣ 安装 ānzhuāng 동 설치하다 ㅣ 督促 dūcù 동 독촉하다 ㅣ 脱离 tuōlí 동 이탈하다, 떠나다

① 方法 VS 办法

方法 fāngfǎ 몡 방법	办法 bànfǎ 몡 방법
차이점 어떠한 일을 해결하거나 어떤 일을 하는 방법을 말한다. 硏 在创作方法上，有现实主义流派，也有浪漫主义流派。 창작 방법에는 현실주의파도 있고 낭만주의파도 있다. 硏 老师教了她剪纸的方法。 선생님은 그녀에게 젠즈(종이공예) 방법을 가르쳐주었다.	어떤 문제나 일을 해결하는 방법을 말하며, '처리한다'는 것에 의미의 중점이 있다. 硏 她因行动不便才想出这个办法。 그녀는 행동이 불편했기 때문에 이런 방법을 생각해내게 된 것이다. 硏 时间不多了，我们得想个办法。 시간이 얼마 없으니 우리가 방법을 생각해내야 해.

② 却 VS 但

却 què 몝 그러나, 오히려	但 dàn 졉 그러나
차이점 부사이므로 일반적으로 두 번째 절의 주어 뒤, 술어 동사 앞에 놓는다. 硏 我对他很热情，他却很冷淡。 나는 성의껏 그를 대했지만, 그는 오히려 매우 냉담했다. 硏 这种处理问题的方式，却会严重影响客人对酒店的印象。 문제를 처리하는 이런 방식은 오히려 호텔에 대한 손님의 인상에 심각하게 영향을 줄 수 있다.	접속사이므로 주어 앞에 놓으며 '却'와 함께 사용할 수 있다. 硏 这本书虽然内容丰富，但太抽象了。 이 책은 비록 내용은 풍부하지만 너무 추상적이다. 硏 与传统的建筑方式相比，产业住宅虽然初期投入资金较高，但建成后的维护成本却降低了。 전통의 건축 방식과 비교했을 때, 산업형 주택은 비록 초기 투입 자금이 비교적 많을지라도 건설 후의 유지 원가는 오히려 낮아진다.

创作 chuàngzuò 동 창작하다 ┃ 流派 liúpài 몡 파벌, 유파 ┃ 剪纸 jiǎnzhǐ 몡 붉은 종이를 오려 여러 가지 형상이나 모양을 만드는 중국 전통 종이공예 ┃ 冷淡 lěngdàn 형 쌀쌀하다, 냉담하다 ┃ 抽象 chōuxiàng 형 추상적이다 ┃ 建筑 jiànzhù 몡 건축물 ┃ 住宅 zhùzhái 몡 주택 ┃ 投入 tóurù 동 투입하다 ┃ 维护 wéihù 동 유지하고 보호하다 ┃ 成本 chéngběn 몡 원가 ┃ 降低 jiàngdī 동 낮추다, 떨어뜨리다

③ 包括 VS 包含

	包括 bāokuò 동 포함하다	包含 bāohán 동 포함하다
차이점	수량, 범위, 넓이 등의 방면에서 포함한다는 의미로 사용되며 그중 어떤 부분을 강조하는 데 쓰이기도 한다. 주로 포함하는 범위를 강조한다. 목적어는 주로 추상적인 것이 오지만 구체적인 것이 올 수도 있다. 예 养胃是需要综合调理的，包括在饮食、作息、运动等各方面都要注意。 위를 튼튼하게 하려면 종합적으로 관리해야 하는데, 음식, 휴식, 운동 등을 포함하여 각 방면에서 모두 주의해야 한다.	안에 함유하고 있다는 것을 나타내며, 함유하고 있는 것의 정도나 깊이를 강조한다. 목적어는 주로 추상적인 사물이 온다. 예 诗歌包含在文学研究的范围之内。 시가는 문학 연구 범위 안에 포함된다. 예 他说的这句话包含好几层意思。 그가 한 이 말에는 여러 가지 뜻이 포함되어 있다.
搭配	…部分(부분), …电器(가전), …在内(~내에 포함되다)	…意义(의의), …意思(의미), …感情(감정), …期望(바람), …道理(도리), …信息(정보), …因素(요소), …关系(관계)

④ 价值 VS 价格

	价值 jiàzhí 명 가치	价格 jiàgé 명 가격
차이점	가치, 의의를 의미하며 주로 사물의 긍정적인 작용을 가리킨다. 예 一个好问题的价值远胜过一个正确答案。 좋은 문제의 가치는 정확한 답보다 훨씬 더 우수하다.	어떤 상품을 구매하는 데 지불해야 하는 구체적인 금액을 말한다. 예 新能源汽车不错，政府会给补贴，价格能优惠很多。 대체 에너지 자동차는 매우 좋은데, 정부가 보조도 해 주고 가격도 많이 할인된다.
搭配	…大(크다), …小(작다), 没有(없다)…, 收藏(소장)…, 参考(참고)…	…上涨(오르다), …低(낮다), …政策(정책), 商品(상품)…

养胃 yǎngwèi 동 위를 튼튼하게 하다 ｜ 调理 tiáolǐ 동 돌보다, 관리하다 ｜ 作息 zuòxī 동 일하고 휴식하다 ｜ 诗歌 shīgē 명 시, 시가 ｜ 胜过 shèngguò 형 ~보다 낫다, ~보다 우수하다 ｜ 新能源 xīnnéngyuán 명 새로운 에너지, 대체 에너지 ｜ 补贴 bǔtiē 동 (주로 재정상으로) 보조하다 ｜ 优惠 yōuhuì 형 특혜의, 할인의

신장의 낭 이야기

낭(饢)은 신장 위구르 자치구의 주식 중 하나로 이미 2,000여 년의 역사를 지니고 있습니다. 신장에서는 어떤 계절이든, 어디를 가든, 맛있는 낭을 먹을 수 있습니다.

낭의 종류는 다양한데, 흔히 볼 수 있는 것으로는 고기 낭, 양기름 낭, 참깨 낭 등입니다. 양고기 덩어리와 양파를 잘게 썬 것 등을 버무려 구우면 고기 낭, 양기름(羊油)을 첨가한 것은 양기름 낭, 참깨와 포도즙 등을 섞어 구우면 참깨 낭이 됩니다.

낭의 형태는 다양하지만 대부분은 둥그런 모양으로 중간은 얇고 가장자리가 두껍습니다. 가장 큰 낭의 직경은 40~50cm이고, 제일 작은 것은 크기가 그저 찻잔 입구 만하여 멀리 외출할 때 휴대용으로 쓰입니다.

신장에서는 거의 집집마다 낭을 굽는 화덕이 있습니다. 화덕은 일반적으로 자신의 집 정원에 만들어 놓는데, 그 형태는 마치 큰 항아리와 같습니다. 화덕 주위에는 특별히 사람이 올라가서 낭을 구울 수 있게끔 흙으로 만든 네모난 발판이 있습니다.

낭은 영양가치가 풍부하여 비장과 위를 보호하고 살균하며 혈액 지질을 낮춰주는 등의 작용을 합니다. 위구르족 사람들의 삶에서 낭은 떼려야 뗄 수 없는 것으로 '음식은 하루 없어도 되지만 낭은 하루라도 없어서는 안 됩니다.' 손님 접대 시 초대한 사람은 항상 각양각색의 낭을 꺼내놓습니다. 만약 쿠처현의 위구르족 사람의 집에 초대를 받아서 간다면 그들은 가장 큰 낭에서부터 가장 작은 낭까지 탁자 가운데에 탑 모양으로 쌓아놓고 당신에게 실컷 맛보게 할 것입니다.

어떤 장소에서 낭은 특별한 의미를 지니기도 합니다. 예를 들어 결혼식에서 신랑과 신부가 소금물에 찍은 낭을 빼앗아 먹어야 하는데 이것은 위구르족 사람들이 소금을 귀하게 여기고, 낭 역시 그들의 삶에서 빼놓을 수 없는 것이기에 이 두 개의 진귀한 것을 함께 놓고 먹으며 신랑과 신부가 소금과 낭처럼 그렇게 영원히 헤어지지 않기를 바라는 모두의 염원을 상징합니다.

낭(饢)은 신장 사람들에게는 생활에 꼭 필요한, 없어서는 안 될 아주 중요한 생필품이어서, 낭을 보면 신장 사람들의 얼이 담겨있다고 합니다. 다음 QR코드를 스캔하여 중국 음식 다큐멘터리 〈혀끝으로 맛보는 중국: 비경〉편의 신장 낭의 소개와 만드는 방법에 대해 감상해보세요.

<舌尖上的中国：秘境>

〈혀끝으로 맛보는 중국: 비경〉

面粉要先经过发酵，再揉成面坯。
밀가루는 먼저 발효를 거치고 다시 치대면 반죽이 됩니다.

透气孔可以防止烤制时鼓胀变形。
숨구멍은 구울 때 팽창하거나 모양이 변하는 것을 방지해줍니다.

洋葱碎和芝麻让香味更加迷人。
잘게 썬 양파와 참깨는 향을 더욱 더 매력적이게 만듭니다.

饢，在人类的食谱中已经存在了2000多年。
낭이 인류의 식단에 존재한 지 이미 2,000여 년이 되었습니다.

饢坑壁已经达到摄氏180度。
낭 화덕 벽이 이미 섭씨 180도에 달했습니다.

面粉中的糖在高温下发生脱水与降解，为饢染上焦糖色，浓郁麦香也由此而来。
밀가루 속의 탄수화물은 고온에서 건조되고 분해되어 낭을 캐러멜 색으로 만들어주는데, 진한 밀 향기는 여기에서 나오는 것입니다.

从生到熟只需10分钟，但是传统已经跨越千年历史。
반죽에서 익기까지는 10분밖에 걸리지 않지만 전통은 이미 1천 년의 역사를 뛰어넘었습니다.

在荒漠中，饢耐腐蚀，抗干燥。保存几个月都不会变质，是人用食物应对极端环境的典范。
황량한 사막에서 낭은 부패를 견디고 건조함을 이겨냅니다. 몇 개월을 보존해도 상하지 않아 인류가 음식으로써 극한 환경에 맞서는 본보기라 할 수 있습니다.

신장 위구르 자치구

　신장 위구르 자치구는 간단히 '新疆' 혹은 '新'이라고 합니다. 수도는 우루무치(乌鲁木齐)이며 중국의 북서쪽에 위치하고 있습니다. 면적은 163,1585㎢로 중국에서 가장 큰 성급 행정구(省级行政区)이며 중국 국토 면적의 6분의 1을 차지합니다.

　역사적으로는 실크로드가 성립되는 데 매우 중요했던 곳이며 동아시아 지역과 이슬람 세계를 연결하는 교두보 역할을 했습니다. 때문에 10세기경부터 이슬람교가 전해졌고, 오랜 시간 동안 이슬람권의 영향을 받아 예전에는 서역(西域)이라고 불렸습니다.

　또한 신장은 역사적으로 오랜 기간 유목민족인 흉노족, 돌궐족, 몽골족 등의 지배를 받았습니다. 중국의 왕조가 강성했던 한나라와 당나라 시기에는 관부를 설치해 직접 지배하기도 했었지만, 당나라 이후 이 지역에 대한 영향력을 상실하여 위구르 제국의 영역이 되었고 이슬람권의 영향을 받기 시작했습니다. 때문에 중국의 한족과는 생김새는 물론 언어, 종교 역시 다릅니다.

　그러나 1755년 청나라가 이 지역을 침략하면서 청의 군사적 지배를 받기 시작했습니다. 이에 위구르인들의 저항은 계속되었고 19세기 중반 청나라가 혼란에 빠지면서 통제력을 잃게 되자 청나라 군대가 이 지역에서 철수했지만 1884년 이 지역에 신장성(新疆省)을 설치하여 다시 청나라의 영토로 합병됐고, 1949년 이 지역은 신장 위구르 자치구(新疆维吾尔自治区)라고 이름 붙여졌습니다. 1997년에 독립을 요구하는 폭동이 일어났고 지금까지도 여전히 이슬람 세계로의 독립을 추구하고 있으며 반중(反中) 정서가 매우 깊이 자리잡고 있는 지역입니다.

　이에 중국은 여러 가지 우대 정책을 사용하여 반중 정서를 달래고 있으나 2018년부터 불거진 미국과 중국간의 무역분쟁이 격화되면서 미국은 대북제제, 남중국해, 일대일로(一带一路)와 함께 중국의 대 위구르족 정책이 이웃 국가와 민족에 대한 정치·경제적 탄압이라고 압박했고, 이에 따라 위구르족의 독립 문제가 다시 수면 위로 떠올랐습니다.

UNIT
05
专车司机的梦想
택시 운전기사의 꿈

📋 **학습 내용**

- 46세의 인하오 씨는 19년의 운전 경력이 있는 난징의 택시 운전기사입니다. 불과 몇 개월 사이에 그는 택시 운전기사, 영업용 고급택시 운전기사에서부터 영업용 고급택시 차량 임대회사 공동조합원으로 직업을 바꿨습니다. 그와 그의 조합원들은 모두 미래에 대한 기대로 가득 차 있습니다.

✏️ **학습 목표**

- 중국도 우리나라처럼 인터넷의 발전에 따라 택시업계에도 많은 변화가 일어났습니다. 택시업계의 변화와 발전에 따른 사람들의 변화된 외출 방식에 대해서 알아보고, 관련 어휘들을 익혀보도록 합니다.

택시 운전기사의 꿈

　46세의 인하오 씨는 19년의 운전 경력을 가지고 있는 난징의 택시 운전기사입니다. 그러나 올해 4월부터 그는 더 이상 차를 운전하지 않고 영업용 고급택시* 차량 임대회사 설립을 준비했습니다.

　회사 설립 초기에는 투자자가 갑자기 자금을 철회하여 인하오 씨는 큰 어려움에 부딪혔었지만 다행히 친구가 그에게 새로운 투자자를 소개시켜 주었습니다. 그는 매일 여느 직장인처럼 아침 일찍 집에서 나와 회사에 도착해 분주한 하루를 시작합니다.

　인하오 씨는 자주 '기사식당'에 가서 홍보를 하며 회사의 상황을 소개하고 기사님들을 모집합니다. 또한 웨이보**와 위챗 모멘트***를 통해 운전기사 광고를 냅니다.

　인하오 씨와 다른 두 명의 조합원은 항상 기존의 택시업계에 대한 인터넷의 영향에 대해 주목하고 연구합니다. 불과 몇 개월 사이에 그는 택시 운전기사에서 영업용 고급택시 운전기사, 그리고 영업용 고급택시 차량 임대회사 조합원으로 직업을 바꿨습니다. 이런 변화는 각종 택시(예약) 앱의 변화처럼 크고도 빨랐습니다.

---

* 专车(영업용 고급택시)
짠처(专车)라고 부르는 영업용 고급택시 차량은 고객 수송에 있어서 콜택시 플랫폼을 가지고 있으며 정부가 공동으로 인정한 합법적인 운전면허가 있는 차량을 가리킨다. 승객은 주로 휴대전화 등 모바일 장치를 이용하여 예약을 하고 금액을 지불한다.

** 微博(웨이보)
웨이보, 즉 '미니블로그'는 중국에서 현재 유행하고 있는 블로그 형식이다. 사용자간에 서로 팔로우, 게시물 올리기, 공유, 댓글 등을 달 수 있다. 대표적인 것으로는 '시나 웨이보(新浪微博)'와 '텐센트 웨이보(腾讯微博)'가 있다.

*** 微信朋友圈(위챗 모멘트)
모멘트는 통신 소프트웨어 웨이씬(微信) 상의 한 SNS 기능으로, 사용자는 모멘트를 통해 글, 사진, 동영상, 링크 등을 업로드 할 수 있고 친구가 올린 게시물에 댓글을 달 수도 있다.

난징시의 '모범 택시 운전기사 10인'은 인하오 씨에게 있어 매우 중요한 명예입니다. 이 명예는 2007년부터 지금까지 이미 8년 연속으로 유지되고 있습니다.

2013년 인하오 씨는 난징 현지의 한 라디오 방송국에 '택시 운전기사 토크쇼' 프로그램을 개설했는데, 집에는 아직도 그가 프로그램을 진행했을 때의 사진이 걸려 있습니다. 그는 웨이보 스타이기도 한데, 종종 인터넷에 택시 개혁에 관련된 글을 씁니다.

인하오 씨는 과거에 회사를 차린 경험이 있는데, 결국 사기를 당해 70만 위안을 손해 보고 그 이후로 택시를 운전하기 시작했습니다. 첫 3년 동안 그는 거의 매일 차에만 있으면서 손님을 태웠고 일주일에 겨우 한 번 집에 갔습니다. 인하오 씨는 스스로 모든 빚을 다 갚았던 그날 저녁, 혼자서 오랫동안 울었던 것을 영원히 잊지 못한다고 하였습니다.

인하오 씨의 아내는 그가 새 회사를 설립한 첫날에 집안의 장명등****에 불을 밝혀 모든 일이 순조롭고 뜻대로 되길 기원했습니다. 인하오 씨도 이 업계의 미래에 대해 기대로 가득 차 있습니다.

**** 长明灯(장명등)
고대 중국 사람들이 설을 보낼 때 집에서 켜는 등으로 불을 붙인 후 불어서 끄면 안 되고 스스로 꺼질 때까지 기다려야 한다는 특징이 있다. 불을 끄지 않아 오랫동안 켜져 있는 것에는 장생하고 사업이 번창하길 희망하는 사람들의 아름다운 바람이 담겨있다.

1 不再 더 이상 ~하지 않는다

'不再'는 과거부터 지금까지 했던 동작을 더 이상 하지 않는다는 뜻으로 부사 용법으로 사용되며 뒤에 동사가 온다.

> 从四月开始，他就不再自己开车了，他准备创办一家专车租赁公司。
>
> ~부터 시작하다　　더 이상 ~하지 않다　　　　　　~회사를 창업하다

▶ 即使现在他已不再演电影了，但仍然有许多观众喜欢他。
비록 지금은 그가 이미 더 이상 영화배우를 하지 않지만 여전히 대중들은 그를 좋아한다.

▶ 火的使用不仅让人们在吃的方面有了更多选择，也让人们在冬天不再受冷。
불의 사용은 사람들에게 식사 방면에 더 많은 선택을 주었고 겨울에는 더 이상 추위에 떨지 않게 해주었다.

2 突然 갑자기

부사로 동사 앞에 쓰여 어떠한 일이 급작스럽게 발생하거나 혹은 생각지 못한 상황의 변화가 빠르게 일어남을 뜻한다. 형용사의 용법도 있어 명사를 수식할 수도 있다.

> 公司刚成立时，由于投资人的突然撤资，他遇到了很大的困难，……。
>
> 회사를 설립하다　~때문에　　갑자기　　　　　어려움에 부딪히다

▶ 这时他突然发现电梯门竟然又开了，于是高兴地走了进去。
이때 그는 갑자기 엘리베이터 문이 뜻밖에도 다시 열렸다는 것을 발견하고는 기뻐하며 안으로 들어갔다.

▶ 天气突然变冷，大家都不愿意出来。
날씨가 갑자기 추워져서 모두 나오길 원하지 않는다.

▶ 因为一阵突然的疼痛，他从睡梦中醒了过来。 [형용사]
한 차례의 갑작스러운 통증 때문에 그는 잠에서 깨어났다.

一阵 yízhèn 명 한바탕, 한 차례 ┃ 疼痛 téngtòng 명 통증 ┃ 睡梦 shuìmèng 명 잠, 꿈 ┃ 醒 xǐng 동 깨어나다

3 好在 다행히도

부사지만 주로 구문 앞에 쓰여 좋지 않은 상황이 발생했으나 운 좋게도 상황이 잘 해결되었음을 나타낸다.

> 殷浩遇到了很大的困难，好在朋友介绍了新的投资人给他。
> 다행히도　　　　　　　~를 ~에게 소개시켜주다

▶ 好在你没让我失望，谢谢你。
　　다행히도 네가 나를 실망시키지 않았구나. 고마워.

▶ 我有空再来吧，好在你家离我这儿不远。
　　내가 시간 날 때 또 올게. 다행히도 너희 집이 내 쪽에서 멀지 않아.

4 상황의 지속　동사＋了＋수량/시량＋了

'동사＋了' 뒤에 수량 혹은 시량이 포함된 말이 오면 이미 완료된 수량, 시량을 나타내고 다시 또 문장 끝에 '了'가 사용되면 동작이 현재 시점까지 지속되었다는 것을 나타낸다.

> 这个荣誉他从2007年到现在已经连续保持了八年了。
> 　~에서부터 지금까지　　　상황의 완료　동작의 지속

▶ 我学了三年汉语了。　[3년째 배우고 있으며, 지금도 배우고 있음]
　　나는 중국어를 3년 배웠다.

▶ 他喝了一瓶啤酒了。　[한 병째 마시고 있으며, 지금도 마시고 있음]
　　그는 맥주 한 병을 마셨다.

1 成立 VS 建立

	成立 chénglì 동 창립하다, 결성하다	**建立** jiànlì 동 건립하다, 맺다, 형성하다
차이점	조직이나 기구 등을 설립, 설치한다는 의미를 나타낸다. 예 2010年，他成立了一家名为"坊巷书生"的油纸伞工作室。 2010년 그는 '골목 선비'라는 이름의 유지우산 작업실을 설립했다.	감정, 우정, 정권 등 추상적인 것을 맺거나 건립한다는 의미를 나타낸다. 예 相互欣赏是建立友谊的前提。 서로 좋아한다는 것은 우정을 맺는 전제 조건이다.
搭配	…公司(회사), …机构(기구), …社会组织(사회조직), …协会(협회), …政党(정당)	…感情(감정), …友谊(우정), …关系(관계), …习惯(습관), …制度(제도), …政权(정권)

2 对…来说 VS 拿…来说

	对…来说 duì…lái shuō ~에 대해 말하자면, ~에게 있어서	**拿…来说** ná…lái shuō ~을 가지고 말하자면
차이점	어떤 사람 혹은 어떤 일의 각도에서 문제를 바라본다는 의미를 나타낸다. 예 我觉得留学对我来说将是一次难忘的经历。 내 생각에 유학은 나에게 있어서 잊을 수 없는 경험일 것이다. 예 旅行对她来说是生活中的一大乐趣。 여행은 그녀에게 있어서 생활의 큰 즐거움이다.	어떤 사람이나 일을 예로 들어서 상황이나 도리를 설명하는 것을 말한다. 예 拿产品质量来说，我们的产品也存在不少问题。 상품의 품질을 가지고 이야기한다면, 우리의 상품에도 적지 않은 문제가 있다. 예 就拿这个例子来说，说明人口过剩。 이 보기만 가지고 말해도 인구 과잉이 설명된다.

坊 fāng 명 골목, 거리 ┃ 巷 xiàng 명 골목 ┃ 油纸 yóuzhǐ 명 유지, 기름(먹인) 종이 ┃ 油纸伞 yóuzhǐsǎn 유지우산 [중국 전통 공예품] ┃ 欣赏 xīnshǎng 동 좋다고 여기다, 좋아하다 ┃ 前提 qiántí 명 선결 조건, 전제 조건 ┃ 难忘 nánwàng 형 잊기 어렵다, 잊을 수 없다 ┃ 例子 lìzi 명 예, 보기 ┃ 过剩 guòshèng 명동 과잉(되다)

❸ 保持 vs 维持

	保持 bǎochí 동 유지하다	维持 wéichí 동 유지하다
차이점	원래 좋은 상태가 변하지 않도록 유지시키는 것을 말한다. 例 在做重大决定时，黑暗往往能使你的头脑保持冷静，做出正确的决定。 중대한 결정을 할 때, 어둠은 종종 당신의 생각을 침착하게 유지시켜 정확한 결정을 내리게 할 수 있다. 例 我们继续保持联系吧。 우리 계속 연락합시다.	더 나빠지지 않게 노력해서 지키는 것을 말한다. 例 一般来说，能够维持15年以上生命力的，就算是长寿的种子。 일반적으로 말해서 15년 이상의 생명력을 유지할 수 있다면 장수하는 종자라고 할 수 있다. 例 我想找一份工作，维持生活和学业。 나는 일자리를 찾아 생계와 학업을 유지하고 싶다.
搭配	…关系(관계), …联系(연락), …水平(수준, 실력), …传统(전통), …平常心(평정심)	…生命(생명), …身体健康(신체건강), …秩序(질서), …生活(생활)

❹ 改革 vs 改造

	改革 gǎigé 명 동 개혁(하다)	改造 gǎizào 명 동 개조(하다)
공통점	모두 불합리하거나 낡은 부분을 새롭고 합리적으로 바꾼다는 의미를 나타낸다.	
차이점	사물의 오래된 부분이나 불합리한 부분을 새로운 것으로 바꿔서 객관적인 상황에 맞춘다는 의미를 나타낸다. 사람이나 사상에는 쓰지 않는다. 例 我建议要改革目前不合理的工作制度。 저는 현재의 불합리한 업무 제도의 개혁을 제안합니다.	원래 존재하던 사물에 수정을 더하거나 근본적인 것부터 바꿔서 새로운 형세나 수요에 맞춘다는 의미를 나타낸다. 例 对别人进行思想改造是一件不容易的事。 다른 사람에게 사상을 개조하게 하는 것은 쉽지 않은 일이다.
搭配	…方法(방법), …体制(제도), …文字(문자), …政策(정책), …制度(제도), 工资(월급)…	…人(사람), …思想(사상), …世界(세계), …房屋(가옥)

黑暗 hēi'àn 형 어둡다, 깜깜하다 | 往往 wǎngwǎng 부 자주, 종종 | 头脑 tóunǎo 명 두뇌, 사고 능력 | 冷静 lěngjìng 형 냉정하다, 차분하다 | 正确 zhèngquè 형 정확하다 | 长寿 chángshòu 형 장수하다 | 种子 zhǒngzi 명 종자, 씨앗

띠띠(滴滴) 하면 바로 출발합니다

중국에서 택시를 타고 외출한다고 할 때 사람들이 가장 먼저 떠올리는 것은 아마도 어느 길목에서 손을 흔들어 더 쉽게 택시를 잡는 것이 아니라 어떤 택시 예약 앱을 사용해서 더욱 저렴한 가격으로 더 빨리 택시를 잡을 수 있을까 하는 것입니다. 최근 몇 년 동안 중국에서는 무선 인터넷의 발전에 따라 각양각색의 택시 예약 앱이 유행하기 시작했습니다. '디디추싱(滴滴出行)', '이따오용처(易到用车)', '우버(优步)' 등 택시 예약 앱은 중국인의 휴대전화에 없어서는 안 될 앱이 되었습니다. '打车(택시를 잡다)'에서 '车(택시)'는 택시만을 가리키는 것이 아니라 영업용 고급택시 서비스에 종사하는 자가용도 포함되어 있습니다. 그럼 어떻게 '디디추싱'으로 택시를 잡는지 우리 아래에서 한번 살펴보도록 합시다!

1단계: '디디추싱' 앱을 켭니다. 만약 '디디추싱'을 처음 사용한다면 먼저 휴대전화 번호를 입력한 다음 시스템이 자동으로 휴대전화로 보내는 인증번호를 입력하고 비밀번호를 설정하면 성공적으로 로그인이 됩니다.

2단계: '디디추싱' 앱 화면에 들어가 '택시' 서비스를 선택하면 당신의 현재 위치와 근처의 택시 수량을 확인할 수 있습니다. 당연히 승차 지점을 수정할 수도 있습니다.

3단계: '목적지'를 입력하고 '택시 호출하기'를 누르면 대기시간과 택시기사의 수락 상황을 확인할 수 있습니다. 만약 급하게 호출을 해야 하거나 혹은 오랫동안 기사가 호출 수락을 받지 않는다면 '배차 비용'을 올려 기사를 '유혹'할 수 있습니다.

4단계: 택시 호출에 성공하면 기사님의 이름과 차량번호, 현재 위치, 예상 대기시간 등의 정보를 확인할 수 있습니다.

5단계: 탑승해서 목적지에 도착하면 당신의 휴대전화 단말기에서 택시 요금을 입력하고 '위챗머니' 같은 지불방식을 선택해 지불 비밀번호를 입력하여 지불에 성공하면 이번 택시 여정은 끝이 납니다.

더욱 많은 택시 예약 앱 사용자들을 모으기 위해 택시 예약 앱 회사들은 사용자들에게 많은 혜택을 제공하는데, 예를 들어 앱을 처음 이용하는 사람이라면 차비의 일부를 할인해주고 친구에게 공유하면 할인쿠폰 등등을 받을 수 있습니다. 택시 예약 앱의 서비스도 더 다양해져서 어떤 회사는 심지어 대리운전, 통근버스 등의 서비스를 개발하기도 했습니다. 택시 예약 앱의 유행은 중국인들의 외출 방식을 크게 변화시키고 있습니다.

중국문화 생생링크

QR코드를 스캔하여 중국의 택시 예약 앱 광고를 보고 이러한 앱이 중국의 택시업계에 어떤 변화를 가져왔는지 생각해보세요.

1. 택시 예약 앱 초기의 상황

택시 예약 앱이 시장에 나온 초기에 그 수요량은 크지 않았고 사용하는 사람도 많지 않았으며, 게다가 사용하는 사람들 대다수가 대도시에 몰려있었음 ➡ 점차 사용자가 늘며 택시기사들이 빈차로 있는 상황이 줄어들어 택시기사들의 수입이 증가하기 시작함 ➡ 택시 앱 회사들이 사용자를 더 많이 모으기 위해 차비의 일부를 보조해주거나 할인해주는 정책을 내놓아 더 많은 고객을 모을 수 있었음 ➡ 승객들은 편리하게 택시를 잡을 수 있어 택시업계에 대한 승객들의 만족도가 향상되었음 ➡ 택시 예약 앱은 인터넷 발전의 산물로 손을 들어 택시를 잡던 전통적인 방식을 바꿔놓았고 택시기사들도 더 많은 선택을 할 수 있게 해주어 택시업계가 인터넷과 융화되는 하나의 표지가 되었음

2. 택시 예약 앱의 발전·성숙 단계의 상황

택시 예약 앱이 발전·성숙되어 경쟁이 점점 치열해졌음(이 경쟁은 택시 사이에서뿐만 아니라 어플 회사들간, 택시와 영업용 고급택시(专车), 개인 자가용 콜택시(快车) 간에도 존재하게 됨) ➡ 택시회사의 운전기사들, 영업용 고급택시 운전기사들이 경쟁적으로 더많은 택시 예약 앱을 사용하게 되어 택시 업계에 큰 경쟁을 가져왔음(조사에 따르면 현재 택시 예약 앱을 사용하는 운전기사들이 갈수록 증가하고 있고, 영업용 고급택시 운전기사들도 많아져, 영업도 예전만큼 못하다고 함) ➡ 영업용 고급택시 운전기사들이 택시 시장에 증가하자 시장에 많은 불안전 요소들이 함께 생겨났고 고객들의 만족도도 하락하였음(영업용 고급택시 운전기사들의 살인, 마약, 절도 등 문제가 끊임없이 제기되고 있음)

차량 공유 절대 강자 '디디추싱'

중국판 '우버'라고 불리는 '디디추싱'은 인터넷, 게임 서비스 전문 기업인 '텐센트(腾讯QQ)'가 투자한 '디디다처(滴滴打车)'와 전자 상거래 플랫폼인 '알리바바(阿里巴巴)'가 투자한 '콰이디다처(快的打车)'가 합병해 탄생하게 된 스타트업입니다.

2015년 중국의 14개 도시에서 서비스를 시작하였고, 2016년 '이따오용처(易到用车)', '우버(优步)'와 함께 경쟁을 펼쳤으나 당시 '디디추싱'의 시장점유율이 87%로, 택시 예약 앱이라고 한다면 '디디추싱'을 연상해도 무방할 정도로 단연 선두 자리에 올랐습니다.

전세계적으로 절대강자인 '우버'가 중국에서 빛을 보지 못한 이유는 '디디추싱'은 택시기사를 고용하는 것이 아닌 사업 파트너로 선택했고, 구글 지도가 아닌 막강한 중국의 지리 데이터를 보유한 바이두 지도를 사용하여 더 빨리 승객을 운송할 수 있는 장점 때문이었습니다. 또한 이외에도 차량임대, 대리운전, 미니버스, 기업용 차량 호출, 자전거 공유 등 중국인들의 생활에 꼭 맞춘 맞춤 서비스를 제공하여, 2016년 8월 '우버 차이나'는 결국 '디디추싱'에 합병되었습니다. '디디추싱'은 또한 중국을 넘어 중동과 남미로 진출하기도 해 최근 중동과 남미 시장에서의 패권을 다투고 있습니다.

그러나 2018년 '디디추싱'을 이용해 목적지로 가던 여성 승객이 기사에게 피살당한 사건이 발생하면서 '디디추싱'의 서비스 안정성에 대한 문제가 대두되었습니다. 피해자가 이용한 '순펑처(顺风车)'는 '디디추싱'이 새롭게 출시한 카풀 서비스로 택시 면허가 없는 일반인의 차량을 이용할 수 있게 한 것이었는데, 이 과정에서 택시기사가 허위로 자료를 제공한 것이 밝혀져 운영 과정에 허점이 드러났습니다. 이에 '디디추싱'이 전면적인 서비스 점검과 문제 해결에 나섰지만 3개월만에 동일한 사건들이 다시 발생하여 최근 운영 과정의 미흡과 안전성 문제로 위기를 맞고 있습니다.

UNIT

06

工地走出的篆刻家
공사장에서 나온 전각가

📋 학습 내용

• 황지우시 씨는 저지앙 핑후의 농민공입니다. 그는 홀로 초등학교에 다니는 딸을 키우면서 낮에는 공사장에서 일하고 저녁에는 셋방에서 열심히 도장을 새깁니다. 그 당시 그저 중학교만 졸업했던 그가 현재는 중국 런민대학 미술대학에 합격하였습니다.

✏️ 학습 목표

• 농민공에서 훌륭한 전각가가 된 인물의 이야기를 읽어보고 더불어 중국의 서예와 전각 문화에 대해 배워보도록 합니다.

공사장에서 나온 전각가

저지앙성 핑후시의 어느 무더운 셋방 안에서 한 남자가 웃통을 벗고 도장 전각에 전념하고 있습니다. 그는 농민공*으로 낮에는 공사장에서 일하고 밤에는 셋방에서 도장을 새깁니다. 그가 전각한 작품은 이미 1,000여 개나 되며, 그는 중국 런민대학 미술대학에 합격하기까지 하였습니다. 그의 이름은 황지우시로 안후이 벙뿌 사람입니다.

"저는 서예를 무척 좋아했고 전각은 나중에서야 좋아하게 됐어요. 서예와 전각은 서로 통합니다."라고 항지우시 씨가 말합니다. 가정 형편이 좋지 않아 그는 중학교를 졸업하자마자 고향으로 돌아와 농사일을 하였지만 줄곧 학교에서 가르쳐준 서예 수업을 잊지 못했습니다.

전각은 돈이 많이 필요한 예술입니다. 조금 좋은 돌과 조각칼, 인주는 걸핏하면 몇 천 위안입니다. 그가 사용하는 것은 모두 가장 일반적인 재료들이며 거의 선생님께서 주신 것입니다. "제가 공사장에서 일을 하면 연봉이 5만 위안인데 2만 위안 가까이 전각에 쓰고 있어요."

요 몇 년 간 유명한 선생님에게 배우면서 그의 인지도도 점차 높아졌습니다. 그러나 매번 사람들이 그의 도장을 사려고 하면 그는 손을 내저으며 거절합니다. "저는 전각을 결코 잘하는 게 아니에요. 그저 좋아할 뿐인 거죠. 아직 배워야 할 지식과 기술이 많아요. 아직은 이것으로 돈을 벌 수 없어요."

2005년 황지우시 씨는 핑후에서 저명한 전각가이자 서예가인 장훙 선생을 스승으로 모시면서 그의 전각 인생이 시작되었습니다. 장훙 선생의 눈에 이 농민공 학생은 이미 '전각공'에서 한걸음 한걸음 성장하여 '전각가'가 되었지만, 여전히 열심히 공부하고 있습니다. "시간만 있으면 그는 저를 찾아와 글자체를 어떻게 조

* 农民工(농민공)
농촌을 떠나 도시로 와 농업일에 종사하지 않는 사람을 가리킨다. 그들은 보통 도시에서 건축 노동자, 청소부 등 월급이 비교적 낮은 일을 한다.

각해야 하는지, 어떻게 배치를 해야
하는지에 대해 물어요. 요 몇 년간 늘
그랬어요."라고 장홍 선생이 말합니다.

서예와 전각을 공부하기 위해 황지
우시 씨는 빠듯한 생활을 하고 있습니
다. "매년 집세로 3,800위안이 들고,
딸아이의 학비를 제외하고 나면 평소
먹고 입는 것에서 조금이라도 절약해
야 해요." 최근에 그는 중국 런민대학
미술대학의 학비도 마련해야 합니다.

올해 기말시험에서 딸아이는 1점 차로 만점을 못 받은 국어를 제외하고 나머지 과목은 모두 만점을
받았습니다. 황지우시 씨가 가장 기뻐하는 일은 바로 딸아이가 자주 보고 들어서 은연중에 서예를 좋
아하게 된 것입니다. 매일 저녁 부녀 둘은 다정하게 전등 불빛 밑에서 한 명은 전각을 하고 한 명은 글
씨를 쓰면서 웃음꽃을 피우며 즐겁게 이야기합니다.

매일 딸아이의 등하굣길이 부녀가 가장 행복을 느끼는 시간입니다.

아내와 성격이 맞지 않아 몇 년 동안 황지우시 씨는 혼자서 엄마와 아빠 역할을 하며 혼자서 딸을
키우고 있습니다. 6년 전 아내는 집을 나갔는데, 그는 아직까지도 그 이유를 잘 모릅니다. 가끔씩 딸
이 엄마의 사진을 안고 울 때도 있지만, 철도 들고 말도 잘 듣는 딸은 이런 아빠가 있어서 자랑스럽다
고 말합니다.

황지우시 씨의 부단히 노력하는 이 이야기가 매우 고무적이어서
그는 현지의 '모범 신입주민 10인'의 후보자가 되었습니다.

저녁 무렵 황지우시 씨의 셋방에 들어가면, 황지우시 씨는
문 입구의 긴 걸상에 엎드려 불빛에 기대 전심전력으로 돌을
조각하고 있고, 딸은 옆에서 열심히 숙제를 하고 있는 이런
장면을 볼 수 있습니다.

이것은 황지우시 씨가 매일 가장 즐거워하는 시간입니다.

1 보어 掉

'掉'는 동사서술어 뒤에 보어로 쓰여 '남김없이, 모조리'라는 뜻을 나타낸다.

> 因为家境不好，……就回家干农活儿了，但他始终忘不掉……书法课。
>
> 집안환경이 좋지 않다　　　농사일을 하다　　　잊지 못하다

▶ 你关掉，重新开一下试试。
　　껐다가 다시 한번 켜보세요.

▶ 这个手机又破又旧，你怎么还没扔掉?
　　이 휴대전화는 낡고 오래됐는데 왜 아직도 안 버렸어요?

2 跟着　~를 따라서

사람 혹은 행동 앞에 쓰여 '~와 함께, ~에 따라서'라는 의미로 사용된다. 뒤에 나오는 동사가 '学' 혹은 '学习'일 경우에는 '~에게서 배우다'라는 뜻으로도 풀이된다.

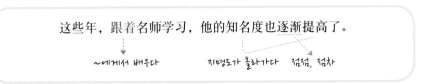

> 这些年，跟着名师学习，他的知名度也逐渐提高了。
>
> ~에게서 배우다　　지명도가 올라가다　점점, 점차

▶ 我希望明年能跟着他读硕士。
　　나는 내년에 그를 따라 석사 공부를 하길 희망한다.

▶ 骑马下坡时，人要坐直，如果人也跟着马向前倾斜，很容易滑下去。
　　말을 타고 비탈길을 내려갈 때에는 똑바로 앉아야 한다. 만약 말을 따라서 앞으로 기울어지면 쉽게 미끄러져 떨어진다.

破 pò 동 해지다, 파손되다 ｜ 硕士 shuòshì 명 석사 ｜ 下坡 xiàpō 동 비탈길을 내려가다 ｜ 倾斜 qīngxié 동 경사지다, 기울어지다 ｜ 滑 huá 동 미끄러지다

3 当……时 ~할 때

'当'은 문장의 맨 앞, '时'는 동사구 뒤에 쓰여 하나의 시점을 나타낸다.

> 可每当有人想买他的印时，他总是摇手拒绝，……。
>
> ~할 때

▶ 当他到达老师家时，手脚全都冻僵了。
  그가 선생님 댁에 도착했을 때, 손과 발이 모두 꽁꽁 얼어있었다.

▶ 当你取得了一点点成绩时，千万不要骄傲，而应该继续努力。
  작은 성과를 얻었을 때에도 절대로 거만해서는 안 되며 계속 노력해야 한다.

4 상태형용사

사람, 사물의 상태를 나타내는 단어를 말하는 것으로 정도부사 '很'의 수식을 받지 못하며 관형어나 서술어로 사용될 때는 '的'와 함께 사용된다. 상태형용사의 형태는 아래 예문과 같이 다양하다.

> 为了学习书法和篆刻，黄九西过着紧巴巴的日子。
>
> ~하기 위해서   ~한 날들을 보내다   매우 빠듯한 모양

▶ 这个孩子胖乎乎的，很可爱。 [형용사+중첩접미사]
  이 아이는 통통하니 매우 귀엽다.

▶ 他做什么事总是糊里糊涂的。 [형용사+里+형용사]
  그는 무슨 일을 하든 항상 어리바리하다.

▶ 她穿了一件雪白的连衣裙。 [명사+형용사]
  그녀는 눈처럼 하얀 원피스 한 벌을 입었다.

冻僵 dòngjiāng 동 추워서 손발이 얼다 ∣ 千万 qiānwàn 부 절대로 ∣ 骄傲 jiāo'ào 형 거만하다, 교만하다 ∣ 胖乎乎 pànghūhū 형 통통하다 ∣ 糊里糊涂 húlihútú 형 어리벙벙하다, 어리둥절하다 ∣ 雪白 xuěbái 형 눈처럼 희다 ∣ 连衣裙 liányīqún 명 원피스

① 始终 vs 一直

	始终 shǐzhōng 부 언제나, 늘	一直 yìzhí 부 계속해서, 줄곧
공통점	모두 과거의 어느 시간부터 지금까지 줄곧 이러하다는 의미를 나타낸다. 예 我每天都走路上班，一直/始终如此。 나는 매일 걸어서 출퇴근을 하는데 줄곧 이러하다.	
차이점	어떤 시간의 범위 내에서 동작이나 상황이 계속 변하지 않고 지속된다는 것을 강조하며 '一直'로 바꿔서 사용할 수 있다. 예 他只要准备好这一道菜就行了，口味也始终都一样，不会因为个别客人提意见而改变。 그는 그저 요리 하나만 준비하면 되고 맛도 시종일관 똑같았다. 일부 손님이 의견을 제시했다고 해서 변하지 않는다.	걷거나 달리는 등의 동작이 '한 방향을 따라서 하다'는 의미도 나타내고, 어떤 범위 내에서 사람, 사물이 모두 변하지 않고 지속된다는 의미도 나타낸다. 예 一直往前走。 쭉 앞으로 가세요. 예 我从小一直到大，都想成为一名服装设计师。 나는 어렸을 때부터 클 때까지 줄곧 의상 디자이너가 되고 싶었다.

② 普通 vs 一般

	普通 pǔtōng 형 일반적이다, 보통이다	一般 yìbān 형 일반적이다, 보통이다
공통점	모두 '특수하다'는 뜻과 반대되는 개념을 나타낸다. 예 我买了一套普通/一般的房子。 나는 그냥 보통인 집 한 채를 샀다.	
차이점	중첩해서 사용할 수 있으며 대부분 명사를 수식하는 관형어로 사용된다. 예 他是一位普通的技术员，他很善于鼓励别人。 그는 평범한 기술자로서 다른 사람을 격려하는 데 능하다.	'보통이다'라는 뜻 외에도 동사서술어 앞에 놓여서 대부분의 상황에서 모두 이와 같다는 의미를 나타내기도 한다. 예 古时的读书人家一般都有许多藏书。 고대 시기 지식인들의 집에는 일반적으로 모두 장서들이 많이 있었다.

口味 kǒuwèi 명 맛, 입맛, 기호 ┃ 个别 gèbié 명 개개의, 일부의 ┃ 技术员 jìshùyuán 명 기술자 ┃ 善于 shànyú 동 ~에 능하다 ┃ 鼓励 gǔlì 동 북돋우다, 격려하다 ┃ 藏书 cángshū 명 장서

❸ 节省 vs 节约

	节省 jiéshěng 동 아끼다, 절약하다	节约 jiéyuē 동 아끼다, 절약하다
차이점	일상생활에서 구체적인 물건과 시간을 아낀다는 의미를 나타낸다. 例 地铁16号线开通后，我每天往返能节省不少时间。 지하철 16호선이 개통된 이후에 나는 매일 왕복하는 데 있어 적지 않은 시간을 아낄 수 있다.	구체적인 사물을 아낀다는 뜻뿐만 아니라 더 큰 범위에 사용되어 관념이나 원칙 등에도 쓰인다. 例 石屋节约土地和能源，一直受到建筑专家的称赞。 돌집은 토지와 에너지를 절약하여 줄곧 건축 전문가들의 찬사를 받고 있다.
搭配	…用钱(돈을 쓰는 것), …时间(시간), …力气(힘), …用纸(용지)	…用水(용수), …开支(지출), …经费(경비), …人力(인력), …时间(시간)

❹ 时光 vs 时期

	时光 shíguāng 명 시간, 시기, 때	时期 shíqī 명 시기
차이점	사람의 시절을 가리키며 보통 과거의 좋았던 때를 말한다. 例 等孩子再长大一点儿，你就会怀念这段时光了。 아이가 좀 크고 나면 넌 이 시기를 그리워할 거야. 例 大学四年是人生最黄金的时光。 대학 4년은 인생 최고의 황금기이다.	특정한 어떤 때를 가리킨다. 例 冬天是黄山赏景的最佳时期。 겨울은 황산의 경치를 감상하기에 가장 좋은 시기이다. 例 在大学时期，她的专业是传播学。 대학 시절 그녀의 전공은 미디어학이었다.
搭配	难忘的(잊지 못할)…, 快乐的(즐거운)…, 美好的(아름다운)…, 童年(어린)…	青少年(청소년)…, 老年(노년)…, 童年(어린)…, 改革开放(개혁개방)…

开通 kāitōng 동 개통하다, 열다 | 往返 wǎngfǎn 동 왕복하다 | 能源 néngyuán 명 에너지 | 称赞 chēngzàn 명동 칭찬(하다) | 怀念 huáiniàn 동 회상하다, 그리워하다 | 赏景 shǎngjǐng 경치를 구경하다 | 佳 jiā 형 좋다, 훌륭하다

중국의 서예와 전각

　한자 서예는 중국 특유의 전통 예술 형식의 한 종류입니다. 고대 중국인은 초기에 그림으로 사건을 기록하였고 후에 한자를 창제하였습니다. 초기에는 칼로 조각하였지만 후에는 붓으로 글을 쓰는 것이 발명되어 사용되기 시작하였는데, 이로서 한자 서예가 탄생하게 되었습니다.

　중국 서예에서 흔히 볼 수 있는 글자체는 주요하게는 전서(篆书), 예서(隶书), 해서(楷书), 초서(草书) 그리고 행서(行书)의 다섯 종류입니다. 전서는 대전(大篆)과 소전(小篆)으로 나뉘는데 직선이 비교적 많습니다. 예서는 가로가 길고 세로가 짧아 약간 넓적합니다. 해서는 예서에서 발전한 것으로 가로는 퍼져있고 세로가 수직으로 된, 현재 통용되는 한자 수사(手写: 손으로 베끼어 씀)의 정체자(正体字)입니다. 초서는 구조가 간단하고 필획이 이어져 있어 비교적 읽기가 힘듭니다. 행서는 해서와 초서 사이의 글자체로 가장 자주 쓰고 가장 편리한 필기체입니다.

　전각은 칼로 도장을 새기는 재료에 이미 써놓은 서예 혹은 그려놓은 그림을 따라 조각하는 것입니다. 이것은 중국의 서예와 조각 예술을 결합시킨 것으로, 지금까지 이미 3,000~4,000년의 역사를 지니고 있습니다. 전각에서 가장 많이 사용하는 것은 전서체(篆书字体)이며, 전각이 낳은 예술품은 도장이라고 합니다. 도장 위의 문자나 그림이 아래로 파인 것을 '음각(阴文)'이라고 하고 위로 볼록한 것은 '양각(阳文)'이라고 합니다. 새겨진 면의 왼쪽에는 보통 음각으로 조각한 이의 이름과 새긴 날짜를 넣습니다. 2009년 중국의 전각 예술은 유네스코 무형문화유산 대표 목록으로 등재되었습니다.

　서예와 전각은 모두 중국의 오래된 전통 예술로 감상과 실용의 두 가지 가치를 갖고 있으며, 현재 중국에서 여전히 새로운 매력을 발산하고 있습니다. 2008년 베이징 올림픽의 35개 스포츠 아이콘 디자인은 바로 전서(篆书) 글자체의 특징이 융합된 것입니다.

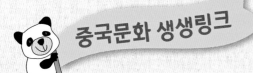

미국의 리처드 시얼스 씨는 사람들에게 '한자 아저씨'라고 불립니다. 그는 '한자와 한자 유래(汉字与词源)' 사이트를 만들어 자주 사용되는 현대 한자의 고문자 글자체를 수록해 두었습니다. QR코드를 스캔하여 한자 유래 사이트를 둘러보고 한자의 유래와 자원에 대해 알아보세요.

'한자와 한자 유래' 사이트《汉字与词源'网站》

한자 아저씨인 리처드 시어스 씨는 22살이 되던 1972년 중국어에 빠지게 되었습니다. 그러나 한자가 너무 복잡하고 획순에는 어떤 논리도 없는 것 같아 외우는 것이 매우 힘들었습니다. 그러던 중 우연한 기회에 한자의 유래와 변천 과정을 먼저 이해하면 한자를 외우는 것이 수월하다는 것을 알게 됐습니다. 그렇지만 한자의 문화와 그 기원에 대해 충분히 설명해주는 영어로 된 책이 없다는 것을 알게 됐습니다.

1994년 시어스 씨는 심장병에 걸렸고 자신에게 시간이 얼마 남지 않았다는 것을 알고 서둘러 '설문해자'를 전산화하기 시작했습니다. 그리고 힘들게 병마를 이겨낸 시어스 씨는 8년이라는 시간을 들여 완성된 자신의 사이트를 공개하기로 결심했습니다. 2011년 누군가 그의 이야기를 알고 웨이보에 올려 공유했고, 이것으로 인해 시어스 씨는 '한자 아저씨'라는 친근한 이름으로 불리게 되었습니다.

그의 사이트에서는 그가 수집하고 정리한 10만 개에 달하는 한자를 볼 수 있는데, 모든 한자의 현재 자형과 변천사, 번체자, 간체자, 표준어와 일부 방언의 독음 그리고 영어 풀이 등의 내용도 포함하고 있으며 31,876개의 갑골문(甲骨文), 24,223의 금문(金文) 및 진한(秦汉)시대의 11,109개의 대전(大篆), 596개의 소전(小篆)을 수록하고 있습니다. 심지어 무료로 다운받을 수 있도록 하여 많은 사람들의 감탄을 자아냈습니다.

2011년에 시어스 씨는 '중국을 감동시킨 외국인'으로 선정되었고, 2018년에는 '剑桥世界杰出华人榜(캠브리지 세계적인 화교의 상)'에서 상도 받았습니다.

한자 자체(字体)의 변천과 특징

1. 갑골문(甲骨文) 기원전 14~11세기 상(商)대 후기에 통용됐던 글자체로 그림의 색채가 강하며 필획이 가늘다. 한자의 자형(字形)이 정형화 되지 않아 동일한 글자가 여러 형태를 가지고 있는 경우가 많고, 이 때문에 문자의 크기도 일정하지 않다.

2. 금문(金文) 상주(商周)시대 청동기에 새겨진 한자로 주(周)대에 통용되었던 표준 자체(字体)이다. 갑골문의 기초에서 발전되어 초기 금문은 갑골문과 공통점이 많아 상형성이 점차 선화, 부호화되는 경향이 있다. 금문의 내용은 제사와 전례(典礼), 선조의 찬양, 정벌과 공로의 기록, 신하의 훈고, 형전(刑典), 계약 등으로 분류할 수 있다.

3. 대전(大篆) 금문의 기초에서 변화된 자체로 춘추전국(春秋战国)시대의 진(秦)나라에서 통용되었다. 주문(籀文)이라고도 하는데 필획에 균형이 잡혀있고 선화, 부호화된 특징이 이미 분명하게 드러나 동일한 문장에서 자형의 크기가 완전히 일치하는 모습을 보인다.

4. 소전(小篆) 진(秦)대와 서한(西汉) 초기에만 사용되었고 서한 중기에 이르러서는 예서(隶书)가 소전의 위치를 대체하였다. 그러나 공식적인 자리나 문건에서는 여전히 소전이 사용되었다.

5. 예서(隶书) 전국(战国)시대 후기와 진대에 걸쳐 형성되어 한(汉)대에 통용된 자체로 소전이 간화된 형태이다. 예서로 인해 서사 속도가 많이 빨라졌는데, 이 예변(隶变: 소전에서 예전으로 넘어가는 것)으로 인해 한자의 상형성이 소멸되고 한자가 철저하게 부호화되었다.

6. 해서(楷书) 위진(魏晋) 이후부터 현재까지 통용되고 있는 표준 자체로 1,700여 년의 역사를 가지고 있다. 예서를 기초로 하여 발전하였으며 자형이 정방형이며 간결하고 명확하다.

7. 초서(草书) 초서는 예서, 해서의 보조 자체로 넓게는 거칠게 흘려 쓴 모든 자체를 말하며 좁게는 한대에 형성된 예서와 해서의 보조 자체만을 말한다.

8. 행서(行书) 쓰기 힘들고 속도가 느린 해서의 단점과 알아보기 힘든 초서의 단점을 보완한 것으로 실용적 가치가 매우 높다.

출처: 중국언어와 문자, 박흥수, 한국외국어대학교 출판부 참조

UNIT
07
月嫂上岗记
산후관리사 취업기

📑 학습 내용

- 두 아이 정책 규제가 완화되면서 산후관리사는 갈수록 인기 있는 직업이 되었습니다. 무료로 산후관리사 기능을 배우기 위해 40대의 차오옌샤 씨는 푸순에서 선양으로 왔습니다.

✏️ 학습 목표

- 중국의 산아제한 정책 변화와 산후조리의 풍습이 변화하면서 산후관리사가 하나의 각광받는 직업이 되고 있습니다. 산후관리사라는 직업에 대해 알아보고 중국 전통의 산후조리 풍습에는 어떤 것들이 있는지 살펴보도록 합니다.

산후관리사 취업기

매체의 보도에 따르면, 베이징, 상하이, 광저우, 선전 등 도시의 산후관리사 월급이 1.5만 위안을 넘을 것이라고 합니다. 실업 여성에게 취업의 기회를 제공하기 위해 랴오닝성 노동조합 취업정보센터에서 무료로 산후관리사 기능 양성반을 개설하였습니다.

한 달여 전, 40대의 차오옌샤 씨는 푸순에서 선양으로 왔습니다. 트렁크 하나, 옷 몇 벌, 텀블러 하나와 2,000여 위안의 돈이 그녀의 전체 '살림살이'입니다. "마지막으로 교실에서 공부했던 게 벌써 몇 십 년 전의 일인데, 얼마 전 펜과 노트를 사면서 학교에 가는 느낌을 되찾았어요."라고 차오옌샤 씨가 감탄하며 말합니다.

몇 십㎡의 교실 안에 찬오옌샤 씨와 동연배인 30여 명의 예비 산후관리사들이 앉아 있습니다. 수업은 항상 즐거운 웃음소리로 가득하고 이런 '나이 많은' 학생들의 학습 열정은 조금도 줄어들지 않습니다. 그녀들은 40대부터 60대까지 나이가 모두 다릅니다. 목을 빼고 칠판을 보는 사람도 있고, 돋보기를 쓰고 눈을 찌푸린 채 노트에 필기하는 사람도 있습니다.

"산후관리사가 보기에는 마치 갓난아이를 돌보는 쉬운 일인 것 같지만 실제로는 많은 전문지식을 파악해야 해요. 우수한 산후관리사가 되는 것은 결코 쉽지 않지요. 충분한 인내심과 사랑을 가지는 것 외에 풍부한 경험도 있어야 해요. 민첩하게 갓난아이도 돌볼 줄 알아야 하고, 또한 산모가 최대한 빨리 원래 몸매로 회복할 수 있게끔 도와야 하죠. 동시에 영양가 있고 맛있는 산후조리 음식*도 만들수 있어야 하고요." 취업정보센터의 펑 선생님은 항상 이 예비 산후관리사들에게 신신당부합니다.

*月子餐 (산후조리 음식)
산후조리 음식은 산모가 산후조리를 할 때 먹는 음식을 가리킨다. 여기서 산후조리란 산모가 분만 후 한 달 안에 쉬면서 회복하는 것을 가리키는데, 이것은 중의학에서 본 중국 민간에서 유행하는 출산 후 행위이다.

"비록 저도 엄마였던 사람이지만, 만일 진짜로 제게 진지하게 도대체 어떤 방법이 맞고 어떤 방법이 틀린 것인지 물어보는데, 여기 와서 배우지 않았다면 정말로 몰랐을 거예요. 옛날에는 다 어르신들의 말씀만 들었던 것이 지금에 와서는 어떤 것들은 또 과학적 근거가 필요한 것이구나 라는 것을 알게 되었어요."라고 차오옌샤 씨가 말합니다.

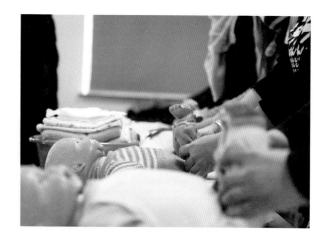

"저는 얼마 전에 제10기 산모 영유아 간호 자격시험에 통과했어요. 앞으로 근무지로 가서 더 많은 가정을 위해 일할 거예요. 저는 앞으로 고향에 가정도우미 회사를 하나 차리고 싶어요. 이렇게 하면 저도 창업을 할 수 있고, 마을의 더 많은 이웃들이 돈을 벌게 해줄 수 있으니까요."라고 말하는 차오옌샤 씨의 마음은 꿈으로 가득합니다.

1 道 말하다

동사로 '말하다'라는 뜻이며 新HSK 5급 이상에서는 독해 지문에서 '说' 대신에 '道'가 많이 등장하며 '说道(말하다)'로도 출제된다.

> "……刚买了笔和本子，又找到了学校的感觉。"曹艳霞感叹道。
>
> ~ 느낌을 찾다   말하다

▶ 评论家回答道： "有时候睡觉也是表达意见的一种方式啊。"
평론가는 대답하며 말했다. "가끔은 수면 또한 일종의 의견을 나타내는 방식입니다."

▶ 此时空姐虽然很委屈，但仍然微笑着说道： "先生，……"
이때 승무원은 비록 억울했지만 여전히 미소를 띠며 말했다. "선생님, ……"

2 丝毫 조금도

'丝毫'는 형용사로 수량이 매우 적음을 나타내지만, 문장에서는 주로 부정부사와 함께 쓰여 부사로서 '조금도'라는 뜻을 나타낸다.

> 这些"大龄"学生们的学习热情丝毫不减。
>
> 열정이 줄어들다   조금도

▶ 我对这件事没有丝毫的怀疑。
나는 이 일에 대해 조금의 의심이 없다.

▶ 她对我说的事情丝毫不感兴趣。
그녀는 내가 말한 일에 대해 조금도 관심이 없다.

评论家 pínglùnjiā 명 평론가, 비평가 ｜ 空姐 kōngjiě 명 스튜어디스 ｜ 委屈 wěiqu 형 억울하다, 분하다 ｜ 微笑 wēixiào 동 미소 짓다 ｜ 怀疑 huáiyí 동 의심하다

3 尽快 　최대한 빨리

부사로 '가능한 빨리', '되도록 빨리'라는 뜻으로 '尽量(최대한)＋快(빨리)'의 줄임 표현이다.

> 既要能够手脚麻利地照顾婴儿，也要帮助产妇尽快恢复身体，……。
> ~하면서도 ~해야 한다　손발이 빠르게, 민첩하게　가능한 빨리　건강을 회복하다

▶ 我会尽快把合影发给你们。
　　제가 최대한 빨리 단체사진을 당신들에게 보낼게요.

▶ 当出现耳鸣、头晕、听力下降等情况时，应尽快就诊。
　　이명, 어지러움, 청력 감퇴 등의 증상이 나타났을 때는 반드시 최대한 빨리 진찰을 받아야 한다.

4 究竟 　도대체

부사로 일반적으로 의문문에 쓰이며, 반드시 명확하게 묻겠다는 의지로 사실을 추궁하거나 어기를 강화할 때 사용된다.

> 虽然我是当过妈的人，但真要是较真地问我究竟什么方法是对的，……。
> 비록 ~하지만 그러나 ~하다　만약에　도대체

▶ 有没有人想过，一分钟我们究竟能做多少事？
　　1분 동안 우리가 도대체 얼마만큼의 일을 할 수 있는지 생각해본 사람 있나요?

▶ 有人说读书并不能一下子让人变得富有，那究竟为什么还要读书呢？
　　어떤 사람들은 독서가 결코 단번에 사람을 부유하게 만들어주지 않는다고 하는데, 그렇다면 도대체 왜 그래도 책을 읽어야 할까요?

合影 héyǐng 명 단체사진 ｜ **耳鸣** ěrmíng 명 이명 ｜ **头晕** tóuyūn 형 어지럽다 ｜ **下降** xiàjiàng 동 떨어지다 ｜ **就诊** jiùzhěn 동 진찰받다 ｜ **富有** fùyǒu 형 부유하다

① 看 vs 望

	看 kàn 동 보다 kān 동 돌보다	望 wàng 동 보다
차이점	'눈으로 보다'라는 뜻 외에도 '읽다', '방문하다', '진찰하다', '~라고 여기다', '돌보다(kān)'라는 다양한 뜻을 가지고 있다. ⑩ 我刚在楼下看到通知，说是今天管道维修，小区白天会停水。 내가 방금 밑에서 통지를 봤는데 오늘 파이프를 수리해서 단지에 낮 동안 물이 나오지 않는대.	'(멀리) 바라보다'라는 의미 외에도 '방문하다', '희망하다', '바라다'의 뜻도 있다. ⑩ 设计师听完后，来到垃圾堆前，望着那些碎片思考了一会儿。 디자이너는 다 듣고 난 후, 쓰레기 더미 앞으로 가서 그 파편들을 바라보며 잠시 생각했다.
搭配	看书(책을 읽다), 看病(진찰하다), 看老爷(할아버지를 찾아뵙다), 看孩子(아이를 돌보다)	探望友人(친구를 보다), 盼望(희망하다), 望子成龙(아이가 잘 되길 바라다)

② 掌握 vs 把握

	掌握 zhǎngwò 동 파악하다, 장악하다	把握 bǎwò 동 파악하다, 장악하다 명 자신, 가망, 확신
차이점	사물에 대한 이해가 깊고, 충분히 운용하고 컨트롤 할 수 있을 정도로 숙달됐다는 의미를 나타낸다. ⑩ 人们却可以运用心理学知识，掌握并利用时间错觉。 사람들은 심리학 지식을 응용하여 시간 착각을 파악하고 이용할 수 있다.	'붙잡다, 포착하다'라는 의미가 강하며 명사로도 쓰여 '자신, 확신'이라는 뜻을 나타낸다. ⑩ 你一定要把握好这次难得的机会。 당신은 얻기 어려운 이번 기회를 잘 잡아야 한다. ⑩ 我对这件事没有把握。 나는 이 일에 자신이 없다.
搭配	…技能(기능), …外语(외국어), …资金(자금), …方法(방법), …情况(상황), …知识(지식)	…机会(기획), …实质(실질), …时机(시기), …本质(본질)

管道 guǎndào 명 파이프 | 维修 wéixiū 동 수리하다 | 垃圾堆 lājīduī 명 쓰레기 더미 | 碎片 suìpiàn 명 조각, 부스러기 | 思考 sīkǎo 동 사고하다, 생각하다 | 运用 yùnyòng 동 이용하다 | 错觉 cuòjué 명 착각

❸ 优秀 VS 优良

	优秀 yōuxiù [형] 우수하다, 뛰어나다	**优良** yōuliáng [동] 우량하다, 우수하다
차이점	형용사로 사람이나 작품, 품질 등이 뛰어난 것을 말한다. 📝 他也是一所师范大学的学生，成绩非常优秀。 그 역시 사범대학교 학생으로 성적이 매우 뛰어나다.	동사로 물건이나 품종, 종자, 전통, 기풍 따위가 우수한 것을 나타낸다. 📝 我们要保持优良的传统。 우리는 우수한 전통을 유지해야 한다.
搭配	成绩(성적)…, …的人才(~한 인재), …的人品(~한 인품), …作品(작품), …成果(성과), 品质(품질)	质量(품질)…, 品种(품종)…, 传统(전통)…, 作风(기풍)…

❹ 行为 VS 行动

	行为 xíngwéi [명] 행위	**行动** xíngdòng [명][동] 행동(하다), 행위(하다)
차이점	'행동, 행위'를 가리키며 나쁜 색채를 띠지 않는다. 명사로만 사용된다. 📝 为拍照留念而采摘花草、折断树木等行为都会对自然造成破坏。 기념사진을 찍기 위해 꽃을 꺾거나 나무를 부러뜨리는 등의 행동은 자연을 파괴할 수 있다.	몸을 움직이는 행동이나 의식적으로 하는 행위를 말하기도 하고, 어떤 목표를 위해 구체적인 활동을 진행한다는 동사의 의미도 있다. 📝 她因行动不便才想出这个办法。 그녀는 행동이 불편하여 이 방법을 생각해낸 것이다. 📝 别想了，赶紧行动吧。 생각하지 말고 빨리 행동해라.
搭配	动作(동작)…, 个人(개인)…, 短期(단기적)…, 不法(불법)…, …不端(~가 단정하지 않다)	采取(취하다)…, 军事(군사)…, 提前(사전에)…, 开始(개시하다)…, 计划(계획하다)…

采摘 cǎizhāi [동] 따다, 뜯다 | 折断 zhéduàn [동] 꺾다, 끊다 | 破坏 pòhuài [동] 파괴하다, 훼손하다 | 赶紧 gǎnjǐn [부] 재빨리, 서둘러서

산후조리와 산후관리사

산후조리는 산모가 분만 후 한 달 내에 쉬면서 회복하는 것을 가리킵니다. 산후조리의 역사는 서한 (西汉) 시기로 거슬러 올라가는데, 지금까지 2,000여 년의 역사를 지니고 있으며 중국 민간에 전해지는 출산 후 필수적인 의식적 행위입니다. 중의학에서는 출산 후의 여성의 신체는 '피가 부족하고 기가 허약한' 상태에 있기에 한동안 조리와 회복이 필요한데, 그렇지 않으면 여성의 건강에 평생 영향을 준다고 봅니다. 그러므로 중국 민간에서는 조금 과장된, 예를 들어 머리와 몸을 씻어서는 안 되고, 이를 닦아서도 안 되며 많이 걸어서도 안 되고 가만히 쉬어야 한다는 등등의 산후조리 금기가 있습니다. 그 중 많은 금기사항들은 오늘날 현대 의학의 각도에서 보면 모두 비과학적이며 심지어 건강에 해롭기까지 합니다. 갈수록 더 많은 젊은 산모들도 금기사항을 무조건적으로 맹신하지 않고, 과학적이고 합리적으로 산후조리를 합니다.

바로 중국의 이러한 산후조리 전통으로 인해 산후관리사가 생겨난 것입니다. 산후관리사는 산모와 신생아를 전문적으로 간호하는 여성 가정도우미를 가리킵니다. 보통의 가정도우미와 다르게 산후관리사는 일반적으로 가정부, 간호사, 요리사, 청소부의 일을 혼자서 도맡아야 합니다. 근무시간은 보통 24시간이며, 대부분의 산후관리사는 고객의 집에서 근무합니다. 베이징, 텐진 등의 산후관리사 월급은 보통 6,000위안에서 15,000위안이고, 상하이, 선전, 홍콩 등지의 일류 산후관리사의 월수입이 보통 1만 위안을 넘는 것은 이상한 일도 아닙니다. 이것은 많은 중년여성들이 산후관리사를 직업으로 선택하는 중요한 원인이기도 합니다. 2016년, 중국의 '두 자녀 허용' 정책의 정식적인 실시가 산후관리사에 대한 시장의 수요량에 간접적으로 영향을 주었고, 산후관리사의 인원 수도 대폭 증가하는 추세에 있습니다.

중국 정부의 '全面二孩(두 자녀 허용)' 정책이 시행되면서 여성의 출산 휴가도 동시에 증가하는 추세입니다. 이에 최근에는 여성의 출산휴가 증가에 대한 논쟁이 불거지며 한 뉴스 프로그램에서 토론을 진행하였 는데요. 다음의 QR코드를 스캔하여 해당 뉴스를 시청해본 후 당신의 견해를 이야기해보세요.

기사 내용

播音员：本来女性就可能遇到就业歧视，产假 增加后，歧视会不会加重？担心就业工作方面 受到歧视。你休得越长，可能单位觉得你对它 造成的损失或者影响越大。这可能会导致经济受 到损失。那么看一下评论。

아나운서: 본래 여성에게는 직업 차별이 존재할 가능성이 있는데 출산휴가가 늘어난다면 직업 차별이 더 심 해질까요? 직업 방면에서 차별을 받게 될까 걱정인데요. 당신이 오래 쉴수록 기업은 당신이 기업에게 가져온 손실이나 영향이 크다고 생각할 테니까요. 이것은 또한 경제 손실을 초래하게 될 수도 있고요. 그럼 평론에 대해 한번 살펴보겠습니다.

기사에 대한 평론

任何休假，少了当然不好，但同样多了也未必 好。因为休假有两面性，既是对职工休息权的尊 重与保障，同样也为企业多了一层成本付出，在 成本考量下，极其容易出现针对女性的就业歧 视，反而得不偿失。所以休假长短，理应社会各 界共同参与，寻求其中的平衡点，一味增加和一 味限制，都是不得要领的。

어떤 휴가든 적어진다면 당연히 좋지 않겠지만, 그러나 마찬가지로 휴가가 많아져도 반드시 다 좋다고는 할 수 없다. 휴가에는 양면성이 있어 직원에게는 휴식할 권리의 존중과 보장인 동시에 기업에게는 원가 지출이 증가하기 때문이다. 원가를 고려하는 상황에서 여성에 대한 직업 차별이 생기기 쉬워 오히려 얻는 것보다 잃 는 것이 많을 수 있다. 따라서 휴가의 장단점은 반드시 사회 각 방면에서 공동으로 참여해야 하며 그중에서 균형점을 찾아야지 일괄적으로 늘이거나 제한하는 것은 모두 소용이 없다.

중국 산후관리사의 업무 범위

1. 照料宝宝的日常起居，包括喂奶、喂水、换尿布、洗澡，每天指导宝宝游泳、锻炼身体。

   아기에게 젖 먹이기, 물 먹이기, 기저귀 갈아주기, 샤워해주기 등을 포함하여 아기의 일상생활을 돌봐주고 매일 수영, 운동을 지도합니다.

2. 具有专业的护理知识，洗涤并消毒宝宝的奶瓶、衣物、尿布等。

   전문적인 돌봄 지식을 가지고 아기의 젖병, 옷, 기저귀 등을 세척하고 소독합니다.

3. 具有常见病的观察和护理能力，判定宝宝是否患有尿布疹、新生儿黄疸等，并对一些常见的新生儿疾病采取预防措施。

   흔한 질병을 관찰하고 케어할 수 있는 능력을 가지고 있고, 아기의 기저귀 발진, 신생아 황달 등을 판별해야 하며 자주 발병하는 신생아 질병을 예방하고 적절히 조치해야 합니다.

4. 针对产妇的生活护理，帮产妇擦身、观察恶露，洗涤产妇大部分衣物。

   산모의 생활 케어로는 산모를 도와 몸을 닦아주고, 오로를 관찰하며, 산모의 옷 대부분을 세탁합니다.

5. 帮助产妇通乳，解决乳房胀痛，教会产妇如何清洁乳房和双手后挤奶或进行乳房按摩，教会产妇正确的哺喂姿势。

   산모를 도와 젖을 먹이고 가슴 팽창과 통증을 해결해줘야 하며, 산모에게 어떻게 가슴과 손을 청결히 한 후 착유나 가슴 마사지를 하는지 알려준 후, 정확한 젖 먹이기 자세를 가르쳐줍니다.

6. 制作产妇的营养餐和催乳汤水，保证母乳的产量和质量的同时，指导产妇做产后恢复操。

   산모의 영양식과 모유 촉진 음식을 만들며 모유량과 상태를 보장해야 하는 동시에 산후 회복 운동을 지도합니다.

7. 经常与产妇交流育儿心得，及时安抚产妇，避免产妇出现产后抑郁症。

   산모와 자주 육아 느낌을 교류하고 산모를 제때 위로하여 산모가 출산 후 우울증이 생기지 않도록 합니다.

UNIT
08
新疆小伙儿留学俄罗斯
신장 청년의 러시아 유학

📑 학습 내용

• 왕웨이는 러시아 노보시비르스크 국립 사범대학교에서 공부하고 있는 교환학생입니다. 신장 이리에서 태어난 그는 다문화가 융합되어 있는 환경을 좋아합니다. 중·러 경제의 상호 보완성, '일대일로(一带一路)'의 발기, 신장 이리의 국경무역에 대한 경제전망 등은 왕웨이로 하여금 자신의 미래에 대한 자신감이 가득하게 하였습니다.

✏️ 학습 목표

• 중국 경제의 발전은 청년들에게 더 많은 해외 유학의 기회를 제공하였습니다. 외국에서 유학 하는 유학생들의 이야기를 통해 갈수록 보편화되고 있는 중국의 유학열풍에 대해 알아보도록 합니다.

신장 청년의 러시아 유학

왕웨이는 신장대학교 러시아어 전공 3학년 학생으로 올해 9월 교환학생으로 러시아 노보시비르스크 국립 사범대학교에서 공부하게 되었습니다. 그가 말하길 많은 동갑내기 친구들은 대도시의 대학교에 진학하길 희망하지만, 사실 자신은 어디에서 학교를 다니느냐보다는 잘 배워서 앞으로의 일과 생활에서 배운 것을 실제로 활용하는 것이 더 중요하다 생각한다고 했습니다.

노보시비르스크 국립 사범대학교의 학비는 매년 7.5만 루블(위안화로 약 7,610위안), 보험료 2.5만 루블(위안화로 약 2,530위안), 기숙사 비용이 매달 1,100루블(위안화로 대략 111위안)입니다. 대학교 식당의 러시아 음식이 입에 맞지 않아 중국인 유학생들은 공용 주방에서 중국음식을 만들어 먹는 경우가 더 많습니다.

왕웨이는 집에서 외아들이어서 여태껏 의식주와 교통이라는 것을 걱정할 일이 없었습니다. 그러나 학교에 온 그 다음날부터 그는 학교 친구들과 함께 근처 상점의 할인카드를 만들어 생필품 등을 구매하였습니다.

왕웨이는 신장 이리에서 태어났고 어려서부터 다문화가 융합되는 환경을 좋아했습니다. 러시아에서는 곳곳마다 서로 다른 문화와 풍습을 접할 수 있는데 이것 역시 그가 여기에서 교환학생을 하기로 결정한 원인이기도 합니다.

올해 10월 1일에 왕웨이는 중국어를 배우고 있는 러시아 학생들과 함께 공연 리허설을 하며 같이 중국의 국경절을 경축하였습니다.

왕웨이는 외향적인 성격에 장난치는 것을 특히 좋아하고 사진 찍는 것과 운동을 매우 좋아합니다. 합창곡 〈캉딩의 사랑노래*〉에 러시아 여학생들의 춤이

---

* 康定情歌(캉딩의 사랑노래)
〈跑马溜溜的山上(말들이 뛰어 노는 산에)〉이라고도 불린다. 四川省(쓰촨성) 康定地区(캉딩지구)의 대표적인 한족 민가로 중국사람들이 모두 아는 전형적인 민가이다.

함께 어우러져 많은 이들의 박수갈채를 받았습니다. 공연을 통해 왕웨이도 현지 학생들과의 관계를 정립하게 되었으며 돈독한 우정을 쌓았습니다.

10월 2일, 다롄 외국어대학교 예술팀이 학교로 와서 공연을 할 계획이어서 일찍부터 포스터가 붙었습니다. 신장대학교와 신장 사범대학교 외에도 다롄 외국어대학교의 학생 10명도 이곳에서 교환학생을 하고 있습니다.

리사는 올해 초 신장대학교에서 교환학생으로 공부할 때 왕웨이를 알게 되었고, 왕웨이는 리사를 데리고 우루무치의 거리와 골목 이곳저곳을 돌아다녔습니다. 현재 리사는 노보시비르스크 국립 사범대학교에서 이탈리어를 전공하고 있고 그들은 매우 친한 친구입니다.

러시아 선생님은 왕웨이에게 '볼로쟈'라는 러시아 이름을 지어주었는데 그의 중국어 이름 첫 번째 글자와 발음이 비슷합니다. 왕웨이는 이 이름이 푸틴 대통령의 어릴 적 이름과 같다고 말합니다.

왕웨이가 가장 존경하는 사람은 동시통역을 하는 사람으로, 어느 영역이든 모두 최고의 고수가 있고, 그는 자신도 그 중의 한 명이 되기를 바랍니다. 중·러 경제의 상호 보완성, '일대일로**'의 발기, 신장 이리 국경무역의 경제전망은 왕웨이로 하여금 자신의 미래에 대한 자신감이 가득하게 하였습니다.

** 一带一路(일대일로)
'일대일로'는 '丝绸之路经济带(실크로드 경제 지역)'와 '21世纪海上丝绸之路(21세기 해상 실크로드)'의 줄임말로, 2013년 9월~10월 중국 국가주석 시진핑이 중앙아시아와 동남아시아를 방문하는 기간에 제안된 중대한 프로젝트이다.

1 其实 사실, 사실은

부사로 '사실', '사실은'이라는 뜻으로 어떤 일의 진실된 상황이나 실질을 나타낼 때 사용한다. 문장 맨 앞에 사용할 수도 있고 동사서술어 앞에 놓일 수도 있다.

> 很多同龄人希望到大城市求学，其实他觉得在哪里上学不重要，……。
>
> ~로 가서 공부하다   사실, 사실은

▶ 其实，很多事情并没有一定的先后顺序，都是可以同时进行的。
　　사실 많은 일들에는 결코 일정한 선후 순서가 없어 모두 동시에 진행할 수 있다.

▶ 心理医生所做的工作其实并不比治疗身体疾病简单。
　　정신과 의사들이 하는 일은 사실 신체의 질병을 치료하는 것보다 간단하지 않다.

2 가능보어

동사서술어가 어떤 결과를 만들어낼 수 있는지 가능의 여부를 설명하는 성분이다. 기본 형식은 '동사＋得/不＋보어'이다.

> 大学食堂的俄餐吃不惯，中国学生更多的时候在公共厨房做中餐。
>
> 먹는 것에 익숙치 않다   중국요리를 만들다
> [동사＋**不惯** ＝ (동사)하는 것이 익숙치 않다]

▶ 我完全听不懂上海方言。 [동사＋**不懂** ＝ (동사)를 이해하지 못하다]
　　나는 상하이 방언을 아예 못 알아 듣는다.

▶ 我今天没带眼镜，看不清黑板上的字。 [동사＋**不清** ＝ (동사)를 명확하게 할 수 없다]
　　오늘 나는 안경을 가져오지 않아서 칠판의 글씨가 잘 안 보인다.

顺序 shùnxù 명 순서 ｜ 治疗 zhìliáo 명동 치료(하다) ｜ 疾病 jíbìng 명 질병

3 **处处** 곳곳에, 도처에, 어디든지

'도처에', '어디든지', '각 방면에'라는 뜻으로 뒤에 부사 '都'가 같이 오는 경우가 대부분이며 함께 동사서술어 앞에 놓이는 부사 역할을 한다. 의미의 범위는 동작이 미치는 범위와 추상적으로 넓은 범위를 모두 나타낼 수 있다.

> 在俄罗斯，处处都能接触到不同的文化和风俗，……。
>
> 도처에, 곳곳에   문화와 풍속을 접하다

▶ 生活中处处都离不开科学。
  생활 속 어디든지 모두 과학과 밀접하다.

▶ 他处处都关心我，帮助我。
  그는 각 방면으로 모두 나에게 관심을 가져주고 도와준다.

4 **결과보어 遍**

동사서술어 뒤에 쓰여 보어로 '두루', '널리 ~하다'라는 의미를 나타낸다.

> 王维带Lisa跑遍了乌鲁木齐的大街小巷。
>
> ~를 데리고 여기저기 돌아다니다

▶ 图书馆的各种书她都读遍了。
  도서관의 각종 책들을 그녀는 모두 다 읽었다.

▶ 近年来，他东奔西走，走遍了全县的山山水水。
  최근 그는 동분서주하면서 모든 현의 산이 있는 곳과 물이 흐르는 곳을 다 가봤다.

离不开 líbukāi 떨어질 수 없다, 떨어지지 못하다 ┃ 东奔西走 dōngbēn xīzǒu 동분서주하다, 이리저리 뛰어다니다 ┃ 县 xiàn 명 현

① 交换 VS 交流

	交换 jiāohuàn 동 교환하다	**交流** jiāoliú 명 동 교류(하다)
차이점	일방적인 것이 아닌 서로 교환하는 것을 강조한다. 목적어로는 구체적인 명사, 추상적인 명사가 모두 올 수 있다. 예 他们互相交换了意见。 그들은 서로 의견을 교환했다. 예 同学们决定在毕业前互相交换礼物。 반 친구들은 졸업 전에 서로 선물을 교환하기로 했다.	소통하는 것을 강조한다. 목적어로는 일반적으로 비교적 추상적인 것이 온다. 명사의 의미도 있다. 예 父母应加强与孩子的交流。 부모는 아이와의 교류를 강화해야 한다. 예 唐朝是中国历史上对外文化交流的黄金时代。 당나라는 중국 역사상 대외 문화교류의 황금시대였다.
搭配	…礼品(선물), …邮票(우표), …意见(의견), …看法(견해), …情报(정보)	…文化(문화), …思想(사상), …感情(감정), …人才(인재), …物资(물자)

② 原因 VS 理由

	原因 yuányīn 명 원인, 이유	**理由** lǐyóu 명 원인, 이유
차이점	어떤 결과가 나오게 된 조건이나 원인을 말한다. 예 "选择困难症"的形成原因大致有三个方面。 '선택 장애'의 형성 원인에는 대략 세 가지 방면이 있다. 예 公司已经派职员去详查事故的原因。 회사는 이미 직원을 파견하여 사고 원인을 정밀 조사했다.	어떤 일을 하게 된 도리나 이치를 말한다. 예 于是她说出了准备这么做的理由。 그리하여 그녀는 이렇게 하려고 준비한 이유를 말했다. 예 这是他自己的选择，我们没有理由阻拦。 이것이 그가 스스로 한 선택이라서 우리는 막을 이유가 없다.

加强 jiāqiáng 동 강화하다, 보강하다 | 选择困难症 xuǎnzé kùnnanzhèng 선택 장애 증상 | 大致 dàzhì 부 대개, 대략 | 详查 xiángchá 동 정밀 조사를 하다, 자세한 조사를 하다 | 阻拦 zǔlán 동 저지하다, 제지하다

❸ 性格 vs 特点

	性格 xìnggé 명 성격	**特点** tèdiǎn 명 특징, 특성
차이점	다른 사람이나 일에 대한 태도에서 나타나는 사람의 심리적 특징을 말하는 것으로 주로 사람에게 쓰인다. 예 那个人是一个很有性格的人。 그 사람은 개성이 매우 강한 사람이다. 예 人的性格特征、能力和信念都不会轻易改变，事物也不会轻易发生改变。 사람의 성격적 특징과 능력, 신념은 모두 쉽게 바뀌지 않으며 사물에도 쉽게 변화가 발생하지 않는다.	사람, 사물에게 모두 쓰일 수 있으며, 사람의 심리, 사교, 언어, 동작 방면에 사용할 수 있다. 또한 어떤 구체적인 사물과 관계된 특징을 나타낼 때도 사용된다. 예 为孩子们写故事，要考虑到他们的年龄特点和阅读习惯。 아이들을 위해 이야기를 쓸 때는 아이들의 연령대 특징과 독서 습관을 고려해야 한다. 예 湿热多雨是这里夏季的气象特点。 후텁지근하고 비가 많은 것이 이곳 여름철의 기상 특징이다.
搭配	…内向(내성적이다), …乐观(낙관적이다), …温和(온화하다), …粗暴(난폭하다)	气象(기상)…, 不同的(다른)…, 语言(언어)…, 心理(심리)…

❹ 关系 vs 联系

	关系 guānxi 동 관련되다, 영향을 끼치다 명 관계, 관련	**联系** liánxì 동 결부하다, 연락하다 명 연락, 연계, 관계
차이점	사람과 사람, 혹은 일 사이에서 모종의 관련됨을 의미하며 원인, 조건 등을 나타내기도 한다. 또한 어떤 것에 대해 영향을 미친다는 뜻도 있다. 예 这种对咖啡味道的影响是否和杯子形状有关系呢？ 이러한 커피 맛에 대한 영향은 컵의 형태와 관계가 있을까 없을까? 예 门廊设计的好坏关系到房东的财运与健康。 현관 설계의 좋고 나쁨은 집주인의 재운과 건강에 영향을 끼친다.	사람과 사람, 혹은 일 사이에서 모종의 관련됨을 의미하는 것 외에도 '접촉하다, 연락하다'의 의미도 나타낸다. '关系'와 마찬가지로 어떤 것에 대해 영향을 미친다는 뜻도 있다. 예 幸福感与家庭经济状况并无必然联系。 행복과 집안의 경제 상황에 필연적인 관계는 없다. 예 他们两个人已经二十年没有联系了。 그들 두 사람은 벌써 20년 동안이나 연락이 없었다.
搭配	…密切(밀접하다), …正常(정상적이다), …紧张(긴장되다), 人际(인간)…	保持(유지하다)…, 加强(강화하다)…, 广泛(광범위하게)…, 互相(서로)…, …业务(업무)

轻易 qīngyì 부 함부로, 쉽게 | 湿热 shīrè 형 습기 차고 무덥다 | 形状 xíngzhuàng 명 형태, 모양 | 门廊 ménláng 명 현관 | 设计 shèjì 명동 설계(하다), 디자인(하다) | 房东 fángdōng 명 집주인 | 财运 cáiyùn 명 재운

해외 유학 열풍

　1978~2000년은 중국 유학 교육의 전성기로, 20세기 중국 유학사에서 이 시기는 유학생 수가 가장 많고 유학 지역이 가장 광범위하며 유학 전공과목의 종류도 최대인 해로, 중국이 유학 교육에 대해 가장 중요시 하던 시기였습니다. 이 22년 동안 중국의 해외 유학생 총 인원은 30여만 명에 달하고, 유학 지역은 100여 개 국가와 지역에 분포되어 있으며, 유학 전공과목은 거의 모든 자연과학과 사회과학 과목을 망라하였습니다. 그중 이미 10여만 명이 귀국하여 중국의 각 영역에서 맹활약을 펼치고 있습니다.

　개혁개방 초기의 몇 년과 비교하면, 현재 중국의 유학 교육 정책은 이미 나날이 규범화 되고 법제화 되고 있습니다. 20세기 80년대 일찍이 중국 전역을 휩쓴 해외 유학 열풍은 점차 식어가는 추세에 있습니다. 이는 현재 중국 유학 교육이 20여 년의 모색과 실천을 거쳐 이미 무르익었고 선순환 궤도에 올랐다는 것을 보여줍니다.

　교육부의 통계수치에 따르면, 2015년 중국의 해외 유학생 총 인원은 52.37만 명으로 2014년에 비해 13.9% 증가한 것이라고 합니다. 최근 들어서는 학부 및 학부 이하 학력의 해외 재학중인 인원수가 빠르게 증가하고 있어 연령대가 낮아지는 추세가 명확하다고 합니다. 또한 석사 유학생이 전체 해외 유학생 비율에서 차지하는 비중이 현저히 감소했고, 고등학교를 졸업하고 '외국대학 입시'에 참가하여 해외 대학교에 진학하는 학생수는 해마다 증가하고 있다고 합니다.

　이 조기유학 열풍을 만든 학부모들은 이미 1990년대 말, 2000년대 초의 부자와 관료, 엘리트 학부모들이 위주였던 것과 달리, 현재는 일반 샐러리맨 계층도 상당한 비율을 차지하고 있습니다. 학생도 성적이 우수하지 못하여 좋은 대학에 진학하지 못해 해외 유학을 선택하는 것과는 반대로 상당수 비율을 차지하는 학생들이 일찍이 국내 유명한 고등학교를 다닌 우수한 학생들입니다.

중국문화 생생링크

한국의 대표 민요 '아리랑'에 견줄만한 것이 중국에도 있는데요. 바로 《康定情歌(캉딩의 사랑노래)》입니다. 《康定情歌》는 《跑马溜溜的山上》이라고도 하는데, 지극한 사랑으로 신분의 차이를 극복하려 했던 두 젊은이의 애달픈 상황을 노래한 민요로, 그 가사가 소박하고 정겹기로 유명합니다. QR코드를 스캔하여 《康定情歌》를 감상해보세요.

《康定情歌》

원곡: 喻宜萱   발표일: 1947년

가사

跑马溜溜的山上，一朵溜溜的云哟	말을 타고 따그닥 따그닥 산에 오르니.
端端溜溜的照在，康定溜溜的城哟	한 무리의 구름이 캉딩성 상공에 있고.
月亮弯弯，康定溜溜的城哟	둥근 달도 휘영청 아름다운 캉딩성이여!
李家溜溜的大姐，人才溜溜的好哟	이씨 집안 큰 아씨의 아름다움과 단정함에.
张家溜溜的大哥，看上溜溜的她哟	장씨 집안 큰 도령이 첫눈에 반했구나!
月亮弯弯，看上溜溜的她哟	둥근 달처럼 아름다운 그녀의 모습에 반했네!
一来溜溜地看上，人才溜溜地好哟	아름답고 단정한 모습에 처음 반했고.
二来溜溜地看上，会当溜溜的家哟	그녀의 알뜰한 살림솜씨에 두 번 반했네!
月亮弯弯，会当溜溜的家哟	둥근 달처럼 아름다운 자태와 알뜰한 살림솜씨.
世间溜溜的女子，任我溜溜地爱哟	세상의 많은 여자들이 너의 청혼을 바라고.
世间溜溜的男子，任你溜溜地求哟	세상의 많은 남자들이 너의 사랑을 받길 바라네!
月亮弯弯，任你溜溜地求哟	둥근 달처럼 아름다운 너의 사랑을 받길 바라네!!

노래에 얽힌 사연

옛날에 재단사로 일했던 장씨 성의 청년이 묵 장사를 하는 이씨 집안의 처녀와 사랑에 빠졌는데, 부유했던 장씨 집안에서 이씨 집안이 가난하다는 이유로 결혼을 반대하였습니다. 괴로워하던 두 연인이 캉딩의 한 소리꾼에게 도움을 요청하였고, 이에 소리꾼이 양가를 찾아가 본인이 이 젊은 남녀에 대한 노래를 만들어 부를 테니 그 노래에 감동을 받는다면 두 사람의 결혼을 승낙해 달라고 부탁하였습니다. 그리하여 만든 노래가 바로 《康定情歌》였고, 노래에 감동한 양가의 부모들이 이 젊은 남녀의 결혼을 허락하게 되었으며 노래 또한 유명해져 오늘날의 중국의 국민 민요가 되었습니다.

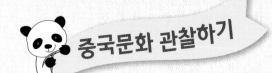

중국의 해외 유학 추세 및 분석

1. 留学市场稳速增长，学成归来就业、创业日趋普遍: 유학 시장이 일정하게 증가하였고 학업을 마치고 돌아와 취업, 창업하는 것이 갈수록 보편화 되고 있음

   → 2016년 중국의 해외 유학생 수와 유학을 마치고 중국으로 돌아오는 수가 일정한 속도로 증가했고 돌아와서 취업을 하거나 창업을 하는 것이 대다수였습니다. 이것은 첫째, 유학 주요 도시 및 지역의 비자 발급이 어려워지면서 해외에서 취업하기 어려웠기 때문이고, 둘째, 중국의 경제 발전 속도가 원만하여 창업하기에 좋은 환경을 제공하였기 때문입니다.

2. 留学想法萌生早，高中比例日趋高: 유학에 대한 생각이 일찍부터 생겨나 고등학생의 비율이 증가하고 있음

   → 해외의 교육 환경에 최대한 빨리 적응하는 것이 고등학교 이하 단계의 학생이라는 학부모들의 생각이 조기 해외 유학을 선택하는 결정적인 원인으로 꼽히고 있습니다. 따라서 조기유학 추세가 여전히 증가하고 있으며, 미국으로 가서 공부하는 초등학생 수가 매우 가파르게 증가하였습니다.

3. 英、美、澳、加等英语系国家仍是中国学生留学首选: 영국, 미국, 오스트레일리아, 캐나다 등의 영어권 국가가 여전히 중국 유학생이 선호하는 지역임

   → 이러한 국가들은 교육에 대한 투자가 풍부하여 교육의 질과 만족도가 높고, 영어권 국가이기에 영어도 배울 수 있어 중국인들이 가장 선호하는 유학 지역으로 꼽히고 있습니다. 이 밖에도 상대적으로 비자 신청이 용이한 일본, 한국 등의 아시아 국가로 유학을 떠나는 사람들도 증가하고 있습니다.

4. 留学家庭开始注重教学生活环境、留学经历和专业深造: 유학을 보내려는 가정에서 교육과 생활 등의 환경, 유학 경험과 전공을 중요시 하기 시작함

   → 유학 연령이 낮아짐에 따라 '취업' 때문에 국가를 선택하는 것이 아닌 아이의 교육과 생활 환경, 유학 경험과 전공을 중요시하게 생각하기 시작하였습니다.

UNIT
09
毕业, 带着小伙伴们创业
졸업, 친구들과 함께 창업하기

📖 학습 내용
- 초여름, 곧 졸업할 대학생들은 캠퍼스에서의 마지막 사진을 남깁니다. 그들은 막 사회로 나가려 준비를 하지만 지아씽대학의 치후이원은 이미 자신의 이름으로 된 회사를 두 개나 설립했습니다.

✏️ 학습 목표
- 중국에서도 취업난이 심각하여 정부에서 청년들의 창업을 권장·격려하고 있습니다. 창업을 통해 자신의 꿈을 키워나가는 20대 청년의 이야기를 들어보고 대학생들이 창업 시에 겪을 수 있는 어려움이 무엇일지 알아보도록 합시다.

졸업, 친구들과 함께 창업하기

　　1992년생 치후이원은 산둥사람입니다. 1년 전 그는 몇 명의 학교 친구들을 이끌고 전문적으로 위챗 공식 계정 플랫폼의 개발하고 관리하는 지아씽(嘉興) 홍마이(紅螞蟻) 네트웍스 과학기술 유한회사를 설립하였습니다. 회사는 현재 100여 개가 넘는 기관과 기업의 계정 운영을 관리하고 있습니다.

　　치후이원은 대학교 1학년 때부터 창업을 하기로 결심했습니다. 위챗이 중국에서 인기가 있게 된 후로 그는 이 창업 아이템을 발견하였고, 2014년 4월, 몇몇 학교 친구들을 이끌고 함께 회사를 설립하였습니다. 사무실의 위치는 학교가 제공하는 창업 지원센터의 사무실입니다.

　　지아씽대학 창업 지원센터 3층의 이 작은 사무실이 바로 치후이원의 회사입니다. 그다지 눈에 띄지 않는 간단한 회사 소개가 입구에 걸려있습니다.

　　치후이원은 서버를 구입하여 기술 전문가들과 소스 코드를 수정하고, 거래처를 뚫고 지아씽시 전자상거래 협회와 산둥 상업회의소에 가입하여 안정 궤도에 오른 회사로부터 경험을 전수 받습니다. "지금은 개미와 코끼리가 함께 춤을 추는 시대예요. 비록 우리 개미들은 보잘것없지만 우리 개미들도 뭉치기만 하면 코끼리를 이길 수 있죠."라고 하며 회사 이름을 '빨간 개미(紅螞蟻 홍마이)'로 지은 이유에 대해 설명합니다. "지금 회사에 18마리의 개미들이 있는데, 정직원은 5명이고 나머지는 아직 졸업하지 않은 후배들이에요."라고 그가 이야기합니다.

　　많은 사람들이 졸업에 환호하고 취업에 불안해 하는 복잡한 시기에 그는 인터넷을 이용하여 토종란을 판매하는 두 번째 회사인 지아씽(嘉興) 황슈랑(黃鼠狼) 전자상거래 유한회사를 설립하였습니다. 5월 22일 저녁, 치후이원은 일찌감치 지아씽시 전자상거래 협회의 회원 단체회식 자리에 도착했습니다. 이곳에서 그는 나이가 가장 어립니다. "그분들에게 있어 저는 후배이기에 선배들에게 가르침을 구해야 할 많은 문제들이 있어요."라고 말합니다.

　　치후이원은 두 달여 간의 시간을 들여 지아씽의 5개 현 2개 구의 거의 모든 양계장을 돌아다니며 가장 건강한 토종닭과 품질이 가장 좋은 토종란 공급

원을 찾았습니다. 또 한 학교선배의 농장에 가서 답사를 하였는데, 선배의 사육이념과 계란의 품질에 매우 만족하였습니다.

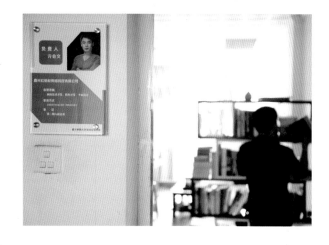

그는 전동스쿠터를 타고 10여 개의 토종란을 가지고 돌아와 동료들에게 시식하게 한 후 공급원으로 삼을지의 여부를 결정하려고 합니다.

치후이원의 이 정장은 인터넷에서 구매한 것으로, 그의 첫 번째 정장입니다. 그는 앞으로 이 정장을 입을 일이 많을 것이라고 말합니다. 몇 달 후면 그의 회사는 청년창업 지원센터로 옮겨가게 되는데 "창업의 길에서 학교와 청년창업 지원센터, 전자상거래 협회, 산둥 상인연합회 모두가 제게 큰 도움이 되었어요. 앞으로 지아씽에서 기반을 잘 다진다면 3년 후에 저희 회사는 지아씽을 벗어나 상하이나 항저우로 옮겨갈 수도 있을 거예요." 그는 미래에 대한 자신감으로 가득 차 있습니다.

1 能 ~할 수 있다

조동사로 어떤 일을 할 수 있는 능력(선천적 능력, 습득한 능력, 회복한 능력)이 있음을 나타내며 부정형식은 '不能'이다. 또한 사회적인 통념, 상식적 기준에서의 허가나 허락을 나타내기도 한다. 이때는 주로 의문문과 부정문에 사용된다.

> ……，但是只要我们蚂蚁们团结，就能战胜大象。
>
> 단지 ~하기만 하면 바로 ~하다 　~할 수 있다　 싸워 이기다, 이겨내다

▶ 只有互相帮助，才能共同向前。 [능력]
　서로 도와야지만 함께 앞으로 나아갈 수 있다.

▶ 这样不仅能减轻交通压力，也能使您的旅行更顺利、更愉快。 [능력]
　이렇게 해야지만 교통에 대한 스트레스를 감소시킬 수 있고, 당신의 여행도 더욱 순조롭고 즐겁게 만들 수 있다.

▶ 您的年龄超过了活动规定的35岁，因此我们不能接受您的报名。 [허가·허락]
　당신의 나이가 행사 규정인 35세를 넘었기 때문에 신청을 받아들일 수 없습니다.

2 还未 아직 ~하지 않았다

'아직, 여전히'라는 뜻의 부사 '还'와 '~이 아니다, 하지 않다'라는 뜻의 부사 '未'가 합해진 말로 어떤 동작이 아직까지 발생하지 않았다는 의미를 나타낸다.

> 全职的有五只，其他都是还未毕业的学弟学妹们。
>
> 기타, 나머지　 아직 ~하지 않았다

▶ 故宫还未全面对外开放。　고궁은 아직 대외적으로 전면 개방하지는 않았다.

▶ 该趟列车目前还未开通。　이 열차는 현재 아직 개통되지 않았다.

共同 gòngtóng 형 공동의 | 向前 xiàngqián 동 앞으로 나아가다, 전진하다 | 减轻 jiǎnqīng 동 경감하다, 줄다 | 全面 quánmiàn 형 전면적이다, 전반적이다 | 对外 duìwài 형 대외의, 대외적인 | 列车 lièchē 명 열차

3 又 또, 다시

동작이나 상태의 반복을 나타내는 부사로 이미 발생한 일의 반복을 나타낸다.

> 在大家为毕业而欢呼、……的复杂时期，他又注册了第二家公司……
>
> ~한 시기에 ~때문에 ~하다   또, 다시 ~회사를 설립하다

▶ 这台打印机老出问题，上次不能打印，这次又不能复印。
　　이 프린터기는 항상 문제가 있어. 저번에는 프린트가 안 되더니 이번에는 또 복사가 안 되네.

▶ 你今天看起来状态不太好，是不是昨晚又熬夜了?
　　당신 오늘 상태가 안 좋아 보여요. 어제 저녁에 또 밤샌 거예요?

4 说不定 아마 ~일 것이다, 단정할 수 없다

추측을 나타내거나 가능성이 큰 일이 출현할 것이라는 뜻을 나타낸다. 동사 앞에 놓여 부사 용법으로도 사용할 수 있고 주어 앞에 놓일 수도 있으며, 술어 자리에 놓여 서술어 역할도 할 수 있다.

> 我会在嘉兴打好基础，说不定三年后，我的公司会走出嘉兴，搬到……。
>
> 기초를 다지다, 기반을 잡다 아마 ~일 것이다   ~를 벗어나다 ~로 옮기다

▶ 你再不动身，说不定就晚了。　　이제 더 지체하면 아마도 늦을 거예요.

▶ 到底能不能参加比赛，现在还说不定。
　　시합에 결국 참가할 수 있을지 없을지는 지금은 단정할 수 없어.

打印 dǎyìn 동 타자(쳐서) 인쇄하다 | 复印 fùyìn 명동 복사(하다) | 状态 zhuàngtài 명 상태 | 熬夜 áoyè 동 밤새다 |
动身 dòngshēn 동 출발하다

① 以后 VS 后来

	以后 yǐhòu 圏 이후	后来 hòulái 圏 그 후, 그 다음
차이점	현재 혹은 어떤 시점 이후의 시간을 가리키며 시간이나 시각을 나타내는 동사구 뒤에 쓰인다. 例 谁也没有想到，他长大以后不仅身体健康，而且成了一名优秀的长跑运动员。 그가 커서 건강해졌을 뿐만 아니라 게다가 우수한 마라톤 선수가 될 것이라고는 누구도 생각하지 못했다.	이미 지나간 어떤 시점 이후의 시간을 말한다. 일반적으로 단독으로 사용되어 시간사나 동사구 뒤에 놓일 수 없다. 例 以前养过一只兔子。后来因为工作太忙，没时间照顾，就送人了。 예전에 토끼 한 마리를 키웠는데 나중에 일이 바쁘고 돌봐줄 시간이 없어서 다른 사람에게 보냈다.

② 时代 VS 年代

	时代 shídài 圏 시대, 시절	年代 niándài 圏 연대, 시기, 시대
차이점	경제, 정치, 문화 등의 특징을 근거로 해서 나눈 역사적 단계를 의미하며, 사람의 일생 중 어느 시기를 의미하기도 한다. 例 我现在在楼房里住了十多年，却开始怀念起儿童时代住在平房里的生活。 나는 현재 아파트에서 산 지 십여 년이 되었으나, 어린 시절 단독주택에서 살던 생활이 그리워지기 시작했다. 例 封建时代皇帝的权力是绝对的。 봉건시대 황제의 권력은 절대적이다.	비교적 긴 시간을 가리킬 수 있으며, 매 세기의 0부터 9까지의 10년을 의미하기도 한다. 例 这里的建筑看着年代都挺久远的。 이곳의 건축물은 보아하니 시기가 다 매우 오래됐다. 例 90年代后半期，中国国内兴起了一股出国潮。 90년대 후반에 중국 국내에는 출국 붐이 일었다.
搭配	封建(봉건)…，信息(정보화)…，童年(유년)…，少年(소년)…，…特征(특징)	战争(전쟁)…，改革开放的(개혁개방의)…，和平(평화로운)…

优秀 yōuxiù 圏 우수하다, 뛰어나다 | 长跑 chángpǎo 圏 장거리 경주 | 楼房 lóufáng 圏 층집, 아파트 | 平房 píngfáng 圏 단층집 | 封建 fēngjiàn 圏 봉건(제도) | 绝对 juéduì 圏 절대의, 절대적인 | 建筑 jiànzhù 圏 건축물 | 久远 jiǔyuǎn 圏 멀고 오래다, 까마득하다 | 兴起 xīngqǐ 圏 일어나다, 흥기하다 | 一股 yìgǔ 한 가닥, 한 줄기 | 潮 cháo 圏 (사회적) 추세, 시류, 붐

❸ 团结 vs 勾结

	团结 tuánjié 동 단결하다, 결속하다	勾结 gōujié 동 결탁하다, 공모하다
차이점	긍정적인 의미로, 공동의 이상 혹은 공동의 임무를 실현하기 위해 함께 연합하고 단결한다는 의미를 나타낸다. 예 同事之间要加强团结，互相帮助。 동료 사이에는 결속을 강화하고 서로 도와야 한다.	부정적인 의미로, 정당하지 않은 목적을 위해 내통하거나 연락한다는 의미를 나타낸다. 예 他们一伙相互勾结，干了不少坏事。 그들 무리는 서로 결탁하여 나쁜 짓을 많이 했다.
搭配	…合作(협력하다), …同学(친구), …一致(일치하다), …友爱(사이좋게 지내다)	暗中(몰래)…, …官府(관아)

❹ 帮助 vs 帮忙

	帮助 bāngzhù 동 돕다 명 도움	帮忙 bāngmáng 동 돕다
차이점	동사의 의미도 있지만, 단독으로 명사로도 쓰일 수 있어 앞에 관형어를 쓸 수 있다. 예 我会再安排几个人帮助你的。 제가 몇 명을 더 배정해서 당신을 도울게요. 예 运动专家指出，生活中的很多步行其实对健康没有帮助。 운동전문가들은 생활 속에서 많이 걷는 것이 사실상 건강에 도움이 되지 않는다고 지적한다.	이합사로 목적어를 가질 수 없으며 중간에 '一个', '了', '我', '倒' 등의 단어를 넣을 수 있다. 예 您如果还有什么需要帮忙的，随时给我打电话。 만약 어떤 도움이 필요하다면 언제든지 저에게 연락하세요. 예 他帮了我很大的忙。 그는 나를 많이 도와주었다.

安排 ānpái 동 안배하다, 배치하다 | 步行 bùxíng 동 걷다 | 随时 suíshí 부 언제든지

대학생 창업의 수많은 난제

최근 몇 년 동안 대학생의 자발적인 창업이 점차 중국 사회 각 방면의 이목을 끌고 있습니다. 국무원과 각 지방정부 부처, 대학 및 금융기관이 모두 대학생들의 자발적인 창업에 대한 각종 우대정책을 끊임없이 내놓고 있습니다. 그러나 중국 대학생들의 자발적인 창업은 여전히 많은 난제에 직면해 있습니다.

조사에 따르면 자금 부족이 중국 대학생들의 자발적 창업에 가장 큰 난제라고 합니다. 2012년 자발적으로 창업한 대학생들 중 창업자금 60% 정도가 부모 혹은 친척이나 친구들로부터 조달한 것이고, 25% 정도가 자신의 저축과 은행 대출이며 정부가 제공하는 창업자금과 우대 대출은 1%에 불과합니다. 자금 문제 외에도 무시할 수 없는 또 다른 문제는 중국 대학생들의 자발적인 창업의 영역이 상대적으로 떨어진다는 것입니다. 마케팅과 관리 방면의 지식 및 경험의 부족으로 자발적으로 창업한 대학생들은 흔히 규모가 작고 원가가 낮으며, 기술 함량이 낮은 아이템을 선택하고 있습니다. 이로 인해 그들은 벤처 투자를 받기 힘들뿐더러 그들의 장기적인 발전에도 방해를 받을 수밖에 없습니다. 그 밖에도 세계 대학생들의 자발적인 창업 성공률과 비교하면 중국 대학생들의 자발적인 창업 성공률은 아직 여전히 향상되어야 합니다.

이로써 중국 대학생들의 자발적인 창업 과정은 아직도 여러 난제에 직면하고 있다는 것을 알 수 있습니다. 만약 자발적으로 창업하고 싶다면 대학생들은 반드시 확고한 결심과 용기를 갖춰야 할 것입니다.

알리바바(阿里巴巴) 그룹의 '타오바오넷(淘宝)'은 중국 최대의 인터넷 쇼핑몰 사이트로 수많은 창업자들이 꿈을 실현할 수 있도록 도와주며 '하늘 아래 못할 장사는 없다'라는 취지를 진정으로 이행하고 있습니다. 다음의 QR코드를 스캔하여 2014년 9월 알리바바의 회장 마윈(马云)이 진행한 미국 뉴욕에서의 로드쇼 영상을 보고 이 중국 기업가가 어떻게 성공할 수 있었는지 생각해봅시다.

阿里巴巴集团(알리바바 그룹)

알리바바 닷컴 기술 유한공사(阿里巴巴网络技术有限公司; 이하 알리바바 그룹 阿里巴巴集团)는 영어교사 출신인 마윈(马云)을 비롯한 18명이 1999년 저장성(浙江省) 항저우(杭州)에서 다국적 투자 은행인 골드만삭스로부터 투자를 받아 세운 회사입니다.

알리바바 그룹의 시작인 알리바바 닷컴(Alibaba.com)은 B2B 온라인 거래 서비스로, 공장이 필요한 세계의 기업과 중국의 중소 공장의 협업을 이어주며 빠르게 성장했습니다. 이후 알리바바는 2003년 오픈마켓 '타오바오(淘宝网)'를 창립하여 2007년 중국 전자상거래 시장 점유율 80%를 달성했으며, 2014년 가입자 수가 3억7천만 명을 넘어서게 되었습니다. 이후 2008년에는 고급 온라인 쇼핑몰 '티엔마오(天猫, Tmall)'를 열었고, 온라인 거래 채팅 프로그램인 '아리왕왕(阿里旺旺)'을 제공하여 소비자와 판매자가 채팅으로 직접 거래 상담을 할 수 있도록 하여 온라인 거래의 신뢰도를 높이기도 하였습니다. 또한 무료 결제 플랫폼인 '알리페이(支付宝)'를 제공하여 거래 수수료 및 등록비와 송금 수수료를 없애 2014년 기준으로 약 3억 명의 고객이 알리페이를 사용하고 있습니다. 이후 중국 국내를 대상으로 하는 B2B 전자상거래 사이트인 '1688닷컴', 공동구매 사이트인 '쥐화수안(聚划算)', 비교구매 사이트 '이타오(一淘)' 등도 개설하였습니다.

2014년 알리바바 그룹은 미국 뉴욕 증권거래소에 상장되었고, 상장 첫날 주가가 급등하며 기업가치가 약 2,324억 원까지 치솟기도 했습니다.

창업자 마윈은 2013년 최고 경영자 자리에서 내려왔으나 알리바바 그룹은 이외에도 2015년 자동차 사업부를 신설하는 등 인터넷을 기반으로 한 다양한 영역 확장에 주력하고 있습니다. 2018년 7월 19일, 전세계 동시 발표된 〈포춘〉 세계 500대 차트에서 알리바바 그룹이 300위를 차지했다고 발표했으며, 2018년 12월 알리바바는 2018년 글로벌 브랜드 500위에 올랐습니다.

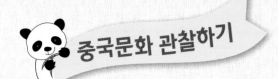

알리바바 마윈의 명언

마윈은 평소 어떤 일을 하는 데 있어 성공하려면 최소 다음 네 개의 요소, 즉 첫째로 '나는 할 수 있다', '우리는 할 수 있다'를 굳게 믿는 것(第一是坚信，就是'我相信'，'我们相信'), 둘째로 꾸준함(第二是坚持), 셋째로 공부(第三，学习), 넷째로 정확한 일을 하는 것과 정확하게 일을 하는 것(第四，做正确的事和正确地做事)이 있어야 한다고 생각하였고, 이 네 개의 키워드로 알리바바를 성공시켰습니다.

1. 今天会很残酷，明天会很残酷，后天会很美好，但大部分人会死在明天晚上。
   오늘이 참혹할 수 있고 내일이 참혹할 수 있지만 모레는 아름다울 것이다. 그렇지만 대부분의 사람들은 내일 저녁에 죽는다.

2. 聪明是智慧者的天敌，傻瓜用嘴讲话，聪明的人用脑袋讲话，智慧的人用心讲话。
   똑똑함은 지혜로운 사람의 천적이다. 바보는 입으로 이야기하고 총명한 사람은 머리로 이야기하지만, 지혜로운 사람은 마음으로 이야기한다.

3. 人要成功一定要有永不放弃的精神，但当你学会放弃的时候，你才开始进步。
   사람이 성공하려면 반드시 절대로 포기하지 않는 정신이 있어야 한다. 그러나 당신이 포기를 배울 때 그제서야 앞으로 나아갈 수 있다.

4. 很多人可以抄袭我们的创意、我们的模式，但是他们抄袭不了我们付出的努力、付出的汗水。
   많은 사람이 우리의 아이디어와 모델을 표절할 수 있지만, 우리가 바친 노력과 흘린 땀은 표절할 수 없다.

5. 短暂的激情是不值钱的，只有持久的激情才是赚钱的。
   잠깐의 열정은 가치가 없다. 그저 꾸준한 열정만이 돈을 벌 수 있다.

6. 注重自己的名声，努力工作、与人为善、遵守诺言，这样对你们的事业非常有帮助。
   자신의 명성을 중시하고, 열심히 일하며 선의로 남을 돕고 약속을 지킨다면, 당신의 사업에 매우 도움이 될 것이다.

悬丝诊脉

실로 진맥하기

📋 학습 내용

- 51세의 리우위주 씨는 중국 의학의 진찰 방법인 '望闻问切(환자의 병세를 보고 듣고 묻고 맥을 짚어 진찰하는 것)'를 독학하였고, 전설 속의 '실로 진맥하기(悬丝诊脉)'를 다시 '부활'시켜 무료로 사람들에게 맥을 짚어 진찰해주며, 보양하는 방법을 알려주고 있습니다.

✏️ 학습 목표

- 중국 의학의 진찰 방법과 고대의 진찰 방법인 '실로 진맥하는' 것에 대해 알아봅니다. 또한 중국 의학의 다양한 치료 방법에 대해서도 짚어보도록 합니다.

실로 진맥하기

선양에 거주하고 있는 51세 리우위주 씨는 중국 의학의 진찰 방법인 '望闻问切(환자의 병을 보고 듣고 묻고 맥을 짚어 진찰하는 방법)'•를 독학하였을 뿐만 아니라, 전설 속의 '悬丝诊脉(실로 진맥하기)'를 다시 '부활'시켰습니다.

리우위주 씨가 거리에서 '실로 진맥하는 것'을 여러 차례 시연하자 많은 사람들이 호기심에 진백을 받아봅니다. 리우위주 씨는 1년 전부터 스스로 진맥 기술이 숙련되었다고 생각하여 맥을 짚는 것을 시연하는 방법으로 자신을 연마시키고 있다고 하였습니다.

리우위주 씨의 '실로 진맥하는' 방법은 빨간 색실 세 가닥을 세 개의 금속 링을 통과시켜 왼쪽 손가락에 끼우고 오른쪽 손가락 세 개로 실 위에서 상대방의 맥박을 느끼는 것입니다.

금속 링 세 개와 빨간 색실 세 가닥은 리우위주 씨의 중요한 진맥 도구가 되었습니다. 어떤 전문가는 '실로 진맥하는 것'이 이론적으로는 가능하다고 합니다. 이것은 지진파를 측량할 때 정밀한 도구를 사용할 수도 있고, 술병을 세우는 전통 방식을 사용할 수도 있지만

어떤 것이 효과가 더 좋은지는 분명히 알 수 있는 것과 같습니다. 그렇다면 직접 맥을 짚는 것이 '실로 맥을 짚는 것'보다 더 정확하고 효과적인데 왜 이런 부질없는 짓을 해야 했을까요?

이것은 고대에는 남녀가 서로 접촉하지 않았기 때문에 '실로 진맥하는 것'으로 실의 한쪽을 여성 환자의 손목에 묶고 다른 한쪽은 의사가 손에 쥐어 의사는 실에서 전해져오는 손의 감촉으로 예측하고 맥의 상태를 느끼는 것에 의지해 병을 진단해야 했습니다.

•望闻问切(환자의 병을 보고 듣고 묻고 맥을 짚어 진찰하는 방법)
중국 의학의 네 가지 진찰 방법으로 '望'은 환자의 안색이나 모습 등을 관찰하여 환자의 상황을 아는 것이고, '闻'은 소리를 듣고 냄새를 맡아 환자의 건강 상태를 판단하는 것이며, '问'은 의사가 환자의 증세, 병력, 생활 습관 등 질병과 관련된 문제를 물음으로써 증세를 판단하는 것이고 '切'는 의사가 손으로 맥을 짚거나 환자의 손발, 복부 등을 눌러 병세를 이해하는 것을 말한다. 이 '望闻问切(환자의 병을 보고 듣고 묻고 맥을 짚어 진찰하는 방법)'의 네 가지 방법을 줄여서 '四诊'이라고 한다.

그러나 정통의 의학서적에는 '실로 진맥을 하는 것'에 대한 기록은 없습니다. 전문가도 현재 중국 의학의 진찰에서는 '실로 진맥하는 것'을 허용하지 않는다고 합니다. 중국 의학의 첫 번째 진료 원칙은 '四诊을 결합하여 운용'하는 것으로, 의사에게 임상 진료 시 보고, 듣고, 묻고, 맥을 짚거나 눌러보는 네 가지 방법을 종합적으로 모두 사용하며 전면적으로 임상 정보를 수집한 후 진료의 정확성을 높입니다.

리우위주 씨는 사람들에게 진맥을 해주는 것은 보양** 방법을 알려주기 위한 것으로, 진맥 후에는 사람들에게 병원에 가서 의료기기로 검사해보라고 하며 진맥 결과는 참고만 하는 것이 가장 좋다고 다시 말합니다. 그는 의사가 아니므로 진찰을 하는 것이 아니라 보양 방법만 알려준다고 하였습니다.

리우위주 씨는 사실 전형적인 농사꾼입니다. 그는 션양의 한 농촌에서 살고 있는데 이곳의 모든 풀과 나무가 그의 모든 것을 보여줍니다. 밭의 각종 농사일은 그에게 식은 죽 먹기입니다.

그는 다른 농민들처럼 낮에는 일하고, 밤이면 쉬는 나날을 보내고 있습니다.

리우위주 씨는 TV 보는 것을 좋아하는데, '실로 진맥하러' 나가지 않거나 밭으로 농사일을 하러 나가지 않을 때에는 TV를 켜고 자신이 좋아하는 프로그램을 봅니다.

전문가들은 '실로 진맥하는 것'이 고대에는 어쩔 수 없이 행했던 것이고 현재는 교활한 술수라는 의혹을 받고 있다고 이야기합니다. 리우위주 씨는 그저 가족의 지지와 함께해주는 것만으로도 만족한다고 말합니다.

** 养生(보양)
보양은 각종 방법을 통해 체질을 개선하고 질병을 예방하여 장수하려는 데 그 목적이 있다. 중국 의학에서는 병에 걸리고 치료하는 것보다는 병에 걸리지 않았을 때 예방을 잘 하는 것을 장려한다.

1 自从 ~로부터

과거 시간의 기점을 나타내는 전치사로 '自从…以来', '自从…以后'의 형식으로 많이 사용된다.

> 自从一年前他自认为手法成熟后，便开始通过展示诊脉的方式磨练自己。
>
> ~로부터 　　　　　　기술이 무르익다 　　　　　　　　　~한 방식을 통해서

▶ 我自从参加了体育锻炼，身体强健多了。
　나는 스포츠 운동에 참가한 후로부터 몸이 많이 건강해졌다.

▶ 自从去年年底这条路修好后，我就一直走这边上下班了。
　작년 연말에 이 길이 수리된 이후로부터 나는 줄곧 이 길로 출퇴근하고 있다.

2 既然 기왕 이렇게 된 이상

접속사로, 선행절 앞에 놓여 기정 사실이 되었거나 이미 인정한 전제를 나타내고, 후행절은 이 기초 위에 사리에 맞게 추론한 결과를 나타낸다.

> 既然直接把脉比"悬丝诊脉"更准确有效，那为什么还要多此一举呢?
>
> 기왕 ~한 이상 　　　　　　　　　　　　　　　　　　　왜 ~할까?

▶ 既然你没跟他去过那儿，怎么知道还有一段路?
　당신이 그와 그곳에 가본 적이 없다고 한 이상 길이 하나 더 있다는 것을 어떻게 알죠?

▶ 他想，既然那么多人喜欢吃我的辣椒酱，我干脆专门卖辣椒酱好了。
　그는 기왕 그렇게나 많은 사람들이 자신의 고추장을 좋아하니, 차라리 직접 고추장을 파는 게 낫겠다고 생각했다.

强健 qiángjiàn 형 건강하다, 건장하다 | 辣椒酱 làjiāojiàng 고추장 | 干脆 gāncuì 부 깨끗하게, 차라리 | 尽可能 jǐn kěnéng 부 되도록, 가능한 한 | 洞察力 dòngchálì 통찰력 | 解析 jiěxī 동 해석하다, 분석하다 | 灵魂 línghún 명 마음, 정신

3 ▸ 비교문

사람 혹은 사물의 성질이나 상태 간에 차이가 있음을 나타내는 것으로, 비교 주체가 비교 기준보다 우월함을 나타낸다. 기본 형식은 '주어(비교 주체) + 比 + 명사(비교 기준) + 동사/형용사구(비교 결과)'이다.

> 既然直接把脉比"悬丝诊脉"更准确有效，那为什么还要多此一举呢?
> ~보다   그럼, 그렇다면

▸ **小麦的价格比玉米高。**　　밀의 가격이 옥수수보다 높다.

▸ **他比我跑得快。**　　그는 나보다 빨리 달린다.

비교 주체와 비교 기준의 차이가 큼을 강조하고 싶을 경우, 비교 결과 앞에 부사 '更', '还'를 사용할 수 있고, 구체적인 수치나 정도를 제시하여 비교 결과를 나타낼 경우에는 비교 결과 뒤에 넣어 그 차이를 설명할 수 있다.

▸ **我比你更了解他。**　　내가 너보다 그를 더 잘 이해한다.

▸ **今天比昨天高三度。**　　오늘이 어제보다 3도 높다.

4 ▸ 必须 반드시

부사로 상대방이나 스스로에게 어떤 일을 하게끔 요구하거나 혹은 규정, 명령, 일반적인 도리에 따라 반드시 어떠한 일을 해야 한다는 단호한 뉘앙스를 가진다.

> 医生必须凭借从丝线传来的手感猜测、感觉脉象，诊断疾病。
> 반드시 ~을 기반으로 하여   병을 진단하다

▸ **生物为了生存，必须尽可能地适应环境。**
　　생물은 생존을 위하여 반드시 최대한 환경에 적응해야 한다.

▸ **心理医生必须对人性有着深刻的洞察力，并能解析人的灵魂。**
　　정신과 의사는 반드시 인간의 본성에 대해 깊은 통찰력이 있어야 하며 사람의 마음을 분석할 수 있어야 한다.

① 主要 VS 重要

	主要 zhǔyào 형 주요하다 부 주로, 대부분	**重要** zhòngyào 형 중요하다
차이점	'次要(cìyào 이차적인, 부차적인)'와 상대되는 개념으로 결정적인 작용을 하는 어떤 방면을 의미한다. 부사어로도 쓸 수 있다. 예 中国主要有四大菜系，即川菜、鲁菜、淮菜和粤菜。 중국에는 주요 4대 요리, 즉 쓰촨요리, 산둥요리, 화이양요리, 광둥요리가 있다.	중대한 의의, 작용, 영향이 있다는 긍정적인 뜻을 가진다. 예 在非语言的交流中，眼睛起着重要的作用。 비언어 교류에서 눈은 중요한 작용을 한다.
搭配	…演员(배우), …产品(상품), …功能(성능), …经验(경험), …特点(특징)	…表现(태도), …措施(시책), …文件(문서), …说明(설명)

② 准确 VS 正确

	准确 zhǔnquè 형 정확하다	**正确** zhèngquè 형 정확하다, 올바르다
차이점	오차와 편차가 없다는 뜻 또는 행동, 언어가 객관적인 기준이나 사전의 구상에 완전히 부합된다는 뜻도 있다. 예 这份报告的数据不准确。 이 보고서의 수치는 부정확하다. 예 这个孩子用十几个字准确而充分地描述了自己的特长。 그 아이는 열 몇 글자로 정확하고도 충분하게 자신의 장점을 서술하였다.	사실이나 도리, 기준에 부합되다는 뜻 이외에 '잘못이 없다'라는 의미로 '错误 cuòwù'와 상대적이다. 예 如何正确运用'正'字计数法呢？ 어떻게 '正'자로 수를 세는 방법을 정확하게 활용할 수 있을까? 예 虽然不确定正确还是错误，大家知道我说的意思吧？ 맞는지 틀리는지 확실하지는 않지만, 모두 제가 말씀드린 의미를 아시겠죠?
搭配	计算(계산)…, …率(도), …无误(틀림없다), …性(성)	…方向(방향), …处理(처리하다), …对待(대하다), …答案(답), …引导(인도하다)

菜系 càixì 명 (각 지방의) 요리 방식·맛 등의 계통 ㅣ **数据** shùjù 명 데이터, 통계 수치 ㅣ **计数** jìshù 동 수를 세다

❸ 运用 VS 应用

	运用 yùnyòng 동 운용하다, 활용하다	**应用** yìngyòng 동 사용하다, 응용하다 형 사용한, 응용한
차이점	상황에 따라 어떤 방법, 공식, 기교, 수단, 권력 등을 이용한다는 의미를 나타낸다. 예 热情也有两面性，运用得恰当，就会拉近和别人的距离；如果运用得不恰当，反而会把别人推得更远。 친절에도 양면성이 있어, 적절하게 사용하면 다른 사람과의 거리를 가깝게 할 수 있지만 적절하게 사용하지 못하면 오히려 다른 사람을 더 밀어낼 수 있다.	이론, 경험, 기출, 체계 등이 어떤 영역 혹은 어떤 부문에 사용되고 응용된다는 뜻을 나타낸다. 형용사 용법도 있어 명사를 수식할 수 있다. 예 在智能手机被广泛应用的时代，随手可得的信息和便捷的娱乐方式已成为一种负担和压力。 스마트폰이 광범위하게 사용되고 있는 시대에 흔하게 얻을 수 있는 정보와 빠른 오락 방식은 이미 일종의 부담과 스트레스가 되었다.
搭配	…自如(자유자재다), 灵活(원활하다)…	推广(확대하다)…, …于(~에)

❹ 只要 VS 只有

	只要 zhǐyào 접 단지 ~하기만 하면	**只有** zhǐyǒu 접 단지 ~해야만
차이점	어떤 조건을 충족시키기만 하면 상응하는 결과를 얻을 수 있음을 나타내는데, 이때의 조건은 반드시 유일한 것은 아니다. 예 大雁知道游客对他们没有威胁，只要看见游客丢下食物，它们便一哄而上。 기러기는 여행객들이 그들에게 위협이 되지 않는다는 것을 알아서 여행객이 먹을 것을 떨어뜨리기만 하면 바로 소리를 내며 달려든다.	유일한 어떤 조건을 만족시켜야만 어떤 결과를 얻을 수 있음을 나타내며, 일종의 조건관계를 의미한다. 예 这是临时列车，只有春节期间才有。 이것은 춘제 기간에만 있는 임시 열차예요. 예 只有不畏艰难困苦，才能取得成功。 어렵고 힘든 것을 두려워하지 말아야 성공할 수 있다.

恰当 qiàdàng 형 알맞다, 적당하다 ㅣ 广泛 guǎngfàn 형 광범위하다, 폭 넓다 ㅣ 随手 suíshǒu 동 손이 가는 대로 하다 ㅣ 便捷 biànjié 형 간편하다 ㅣ 大雁 dàyàn 명 기러기 ㅣ 威胁 wēixié 동 위협하다 ㅣ 一哄而上 yìhōng érshàng 소리 지르며 달려들다 ㅣ 临时 línshí 명 임시, 잠시 ㅣ 不畏 búwèi 동 두려워하지 않다, 겁내지 않다 ㅣ 艰难 jiānnán 형 곤란하다, 어렵다 ㅣ 困苦 kùnkǔ 형 (생활이) 곤궁하여 고통스럽다

중국 의학

중국 의학은 '한의(汉医)'라고도 부르는데 중국에서 기원되어 현재까지 수천 년의 역사를 지니고 있습니다. 중국 의학은 티베트족 의학, 몽고 의학, 위구르 의학, 태족 의학 등 중국의 소수 민족 의학과 함께 중국의 의학사에서 중요한 역할을 합니다.

편작(중국 전국시대 의학자), 화타(한말의 명의), 장중경(동한의 의학자), 이시진(명대 의학자) 등은 중국 역사상의 명의입니다.

보고, 듣고, 묻고, 만지는 '四诊을 결합하여 운용하는 것'은 중국 의학의 전통적인 진료 방법이며 한약, 침구, 부항, 추나 등은 흔히 볼 수 있는 중국 의학의 치료 수단입니다.

중국 의약의 근원은 대부분 식물에서 오지만 동물과 광물에서도 옵니다. 중국 의약업계에서 가장 유명한 라오쯔하오(老字号)는 1669년에 설립된 베이징 통런탕입니다. 중국 의학은 '약식동원(약과 음식은 근원이 같다)'이라고 여겨 많은 음식을 약으로 만들고, 음식을 통해 보양하고 병을 치료하려는 목적을 장려합니다. 침과 뜸(针灸)은 두 가지 진료 방법을 가리키는 것으로, '침'은 바늘로 인체의 특정 부위를 자극하는 것을 가리키고 '뜸'은 태운 쑥으로 사람의 특정 부위에 온열을 가하는 것을 가리킵니다. 부항(拔罐)은 부항을 피부 표면에 흡착시켜 자극과 온열 등을 통해 치료 효과를 보는 것입니다. 추나(推拿)는 의사가 손으로 환자 신체에 서로 다른 방식으로 특정 부위를 자극하여 치료하는 방법입니다.

이밖에도 중국 의학의 진찰과 치료는 종합성을 중요시합니다. 중국 의학에서는 인체의 각 부위는 서로 연결되어 있다고 여겨 치통은 신장에 문제가 있을 수도 있고, 신장의 문제는 바로 발바닥에서부터 치료할 수 있기에 '머리가 아프면 머리를 치료하고, 발이 아프면 발을 치료하지' 않습니다.

요즘 사람들의 업무와 생활리듬이 빨라짐에 따라 많은 사람들이 '亚健康(병은 없지만 건강이 좋지 않은 상태)'에 처해있습니다. 더욱더 많은 중국인들이 중국 의학을 일상적인 보건방식으로 삼아 정기적으로 침과 뜸, 부항, 추나요법을 받고 있습니다. 이러한 것들은 건강하지 않은 생활방식으로 생긴 질병에 대해 어느 정도 완화작용을 보여주고 있습니다.

중국에는 '五禽戏(오금희)'라는 중국 고대 의학자 '华佗(화타)'가 만들었다는 건강체조가 있는데, 이는 다섯 종류의 동물, 호랑이, 사슴, 곰, 원숭이, 새(학)의 형태를 각각 본떠 체조로 만든 것입니다. 다음 QR코드를 스캔하여 건강체조 '오금희'를 감상해보고 또 따라 해보세요.

五禽戏(오금희)

동한(东汉) 말기 의학자로 유명한 화타가 만들었다고 전해지는 중국 전통의 양생보건 방법으로 바로 호랑이, 사슴, 곰, 원숭이, 새(학) 다섯 동물의 동작을 모방하여 오장육부의 조화를 이루게끔 하는 운동입니다.

'五禽戏'의 기본 심법은 ① 허기심(虚其心)- 마음을 텅 비우고, ② 실기복(实其服)- 배를 든든하게 채우며, ③ 강기근(强其筋)- 근육을 강하게 하고, ④ 약기골(弱其骨)- 관절을 부드럽게 풀어주는 네 가지입니다. 이 심법은 시선을 일정한 곳에 두고, 몸을 움직여 탁한 기운을 내보고 맑은 기운을 거두어들이며, 머리로 생각하여 기를 이끌고 맑은 마음을 충만하게 만듭니다.

용맹하고 사나운 호랑이의 동작은 폐의 기능을 강화시키고 몸에 기력을 주면서 피부를 단련시키고, 사람의 모습과 비슷한 원숭이의 활동성이 강한 동작은 사람의 사지와 비장을 좋게 하며, 허리가 강한 곰의 무겁고 육중한 움직임은 하체와 간을 단련시킨다고 합니다. 새의 동작은 심장을 강하게 하며, 사슴을 본뜬 동작은 신장을 강하게 해주어 활기찬 생명력을 준다고 합니다.

중국의 명의

● 편작(扁鹊) 전국시대 명의로 고대부터의 의술과 민간의학을 취합하여 독특한 진단법을 만들었고, 사람들의 낯빛과 목소리만 듣고도 병을 진단할 정도로 신통하여 민간에서 신의(神医)로 받들어졌다고 합니다. 괵(虢)나라 태자를 살리고 제(齐)나라 환공(桓公)의 병세를 진단했다고 전해지는데, 그는 어려운 의학적 표현을 주요하고 간결하게 문답형식으로 서술한 《난경(难经)》이라는 저서를 집필하였으며 동양의학의 아버지라고 불립니다.

● 화타(华佗) 한나라 말기의 명의로 약물 처방뿐 아니라 외과 수술에도 정통해 '최초의 외과의사'라고 불리기도 하며, 마비산(麻沸散)이라는 마취제를 만들어 사용했다고 전해집니다. 기록에 따르면 화타는 약과 침, 뜸 등에 모두 정통했고, 병을 진단하고 환자의 상태를 예견하는 능력도 뛰어나 환자의 얼굴색을 보거나 맥을 짚는 것만으로도 병의 정도와 예후를 예견할 수 있었다고 합니다. 또한 양생술에도 밝아 100세에 가까운 나이에도 장년의 모습을 하고 있었다고 하며, '오금희(五禽戏)'라는 양생술을 발명했다고 합니다.

● 장중경(张仲景) 동한의 의학자로 의학의 성인이라 불립니다. 의서인 《상한론(伤寒论)》의 저자로 동양의학에 큰 영향을 미쳤던 사람입니다. 실력도 뛰어나고 열의도 지극하여 효렴(孝廉: 효행과 품행이 뛰어난 사람을 지방의 추천을 통해 관리로 임명하는 제도)으로 뽑혀 관리가 되고, 이후 태수(太守: 군(郡)의 최고 행정 장관)에 임명되기도 했습니다. 그러나 해마다 일어나는 역병과 황건적의 난(黄巾之乱)으로 백성들의 삶이 피폐해지는 것을 보고 직접 백성들의 병을 치료하기도 했으며, 백성들이 혹독한 추위로 귀에 동상을 입자 특별한 약재를 넣은 귀 모양의 만두를 빚어 먹이니 모두 완치되었다고 하여 이 만두를 교자만두의 시조로 보기도 합니다.

● 이시진(李时珍) 대대로 의술을 업으로 삼았던 집안에서 태어나 어려서부터 아버지를 도와 처방전을 써주는 일을 하거나 산으로 올라가 약초를 캐기 시작했고, 가난한 백성들이 돈이 없어 치료를 받지 못하고 죽는 것에 연민을 느껴 의학의 길을 걷게 됐다고 합니다. 30년에 걸쳐 유명한 《본초강목(本草纲目)》을 완성했는데, 이 책은 각종 약재의 원산지와 형태, 재배와 채집 등에 대한 상세한 기록뿐만 아니라 약을 다리는 방법 및 약의 성능과 기능에 대해서도 자세히 분석되어 있어 2011년 세계기록 유산으로 등재되었습니다.

UNIT
11
正月里的焦家 "大趴"
쟈오 집안의 '성대한 정월 모임'

📋 학습 내용

• 간쑤 후이닝에서 살고 있는 쟈오 씨 가족의 조상은 일찍이 청(淸)대 관료로 현재도 집 안에 인재들이 넘쳐납니다. 정월 때의 모임은 4대가 함께 하는 이 대가족들에게 즐거운 웃음소리를 가져다줍니다.

✏️ 학습 목표

• 정월 초하루에 대가족들이 한데 모여 즐겁게 지내는 모습에서 중국인들의 정월 문화에 대해 공부해봅니다. 또한 사회의 발전에 따라 점차 변화하고 있는 중국의 가족 문화에 대해서도 알아봅시다.

쟈오 집안의 '성대한 정월 모임'

쟈오충웨이 씨는 쟈오 집안의 어르신으로 형제자매는 여덟 명이고, 위로는 연로하신 어머니가, 아래로는 즐겁게 한자리에 모인 자손들이 있습니다. 어머니는 건강이 좋지 않으시고 아이들은 아직 자고 있어서 이 단체사진에는 절반의 가족들만 있습니다.

가족들이 선물을 들고 잇달아 도착합니다. 쟈오충웨이 씨의 어린 손녀 산슈는 새 옷을 입고 문 입구에 서서 두리번거리고 있습니다.

문신(门神)*, 초롱, 창문 장식용 전지(窗花)**에는 모두 춘제의 즐거운 분위기가 가득 넘쳐 흐르고 있고, 이 문 뒤에는 즐겁게 한자리에 모인 쟈오 집안 식구들이 있습니다. 쟈오충웨이 씨의 형재자매들 중에서 다섯 가족이 기본적으로는 모두 같이 사는데, 정월 초이튿날인 이 날에 모두 모이는 것은 이 대가족의 몇 십 년 전통입니다.

춘제 기간에 쟈오 집안은 조상에 공양하는 전통이 있는데 이들은 이것을 매우 중요하게 여깁니다. 족보에는 쟈오 집안의 가문, 집안의 규칙들이 기록되어 있어 가족 간의 정을 유지시켜주며, 가족들이 한 자리에 모이는 기쁨을 증명해주고 있습니다.

쟈오 집안의 할머니는 건강이 좋지 않아 자손들이 돌아가며 곁에서 보살피고 있는데 할머니 곁에서 더 많이 효도하는 것만이 밖에서 일하는 자손들의 가장 큰 바람입니다.

---

* 门神(문신)
문신은 가문을 지키는 신으로 음력 새해에 문에 붙이는 그림 같은 것을 가리킨다. 중국 각 지역(특히 농촌지역)에는 설날에 문신을 붙이는 풍습이 있으며 중국인들은 문신을 붙이는 것이 온 가족에게 평안과 행운을 가져다준다고 믿는다.

** 窗花(창문 장식용 전지)
창문에 붙이는 전지(오린 종이)를 가리킨다. 춘제 기간에 중국 각 지역(특히 농촌지역)에서는 종종 창문에 이 전지를 붙여 장식함으로써 명절 분위기를 만든다.

조상에게 제사를 지내는 것은 새해맞이 의식 중 하나이자 새해인사를 하러 온 후손들이 존경을 표하는 예의로 현지에서는 이를 매우 중요하게 여기고 있습니다.

식구들이 많아 가족 여럿이 식사할 때는 여러 개의 상에 나누어 앉는데 아이들은 항상 같이 앉습니다. 5살 누나가 자연스럽게 2살 남동생을 챙기므로 어른들이 걱정할 필요가 없습니다.

큰솥에 밥을 하고 반찬을 여러 개로 나눕니다. 같은 반찬을 여러 개의 접시에 담아야 나눠서 앉은 가족들이 다 먹을 수 있습니다.

춘제에 남자들에게 가장 즐거운 것은 서로 술잔을 기울이며 나라의 큰 일을 이야기하고 집안의 일상적인 일들을 이야기하는 것입니다.

아이들이 가장 즐거워하는 것은 세뱃돈을 받는 것인데, 쟈오 집안에서는 같은 항렬 사이에도 '세뱃돈을 달라고' 하는 풍습이 있습니다. 손아랫사람들도 자신의 웃어른들에게 세뱃돈을 주는데 이는 웃어른들의 노년이 건강하기를 기원하는 것입니다.

노래 부르기는 반드시 하는 놀이로, 혁명가에서부터 유행가까지, 진강(秦腔)***에서부터 갓띵곡(神曲)****까지 집안의 모든 사람들이 돌아가며 노래를 부릅니다.

아이들은 뛰고 노는 것을 좋아합니다. 점심식사 후, 마당에서 기쁘게《샤오핑궈(小苹果)》*****를 추기 시작했습니다.

아이들의 줄다리기 시합은 어른들의 응원을 이끌어내고 손자들을 예뻐하는 할아버지 할머니도 시합에 참가합니다.

어른들도 흥이 올라 줄넘기를 하기 시작합니다. 줄넘기는 어른들이 학교 다닐 때 자주 놀았던 게임이지만 지금은 가족들이 함께 모여있을 때여야만 이러한 재미가 있습니다.

*** 秦腔(진강)
중국 시베이(西北) 지방에서 유행하는 지방극으로, 명대 말엽에 산시성(山西省) 및 산시성(陝西省: 지금의 간쑤성(甘肃省) 포함) 등의 지역에서 발전했다. 극을 상연할 때 타악기인 방자로 박자를 맞추기 때문에 방자강(梆子腔)이라고도 부른다. 청대 중엽 진강이 점차 성행하여 남북 각지로 퍼져나갔고 각 지역마다 독특한 진강극을 형성했다.

**** 神曲(갓띵곡)
인터넷 용어로 멜로디가 간단하고 템포가 빨라 입에 쉽게 붙어 널리 유행하는 노래를 가리킨다. 가끔은 스타일이 이상하고 부르기 힘든 노래를 가리키기도 한다.

***** 《小苹果》(《샤오핑궈》)
《샤오핑궈》는 筷子兄弟(젓가락 형제)가 2014년 5월에 발표한 싱글로, 젓가락 형제와 취징징(屈菁菁)이 주연한 영화《老男孩之猛龙过江》의 홍보곡이다. 《샤오핑궈》가 만들어졌을 당시에는 가벼운 복고풍 디스코 장르로 선율이 기억하기 쉬웠고, 곡 중의 '사과' 또한 사람들이 좋아하는 과일 중 하나라서 친근함이 있었다. 한국 가수 'PSY'의《강남스타일》뮤직비디오를 만든 제작진이 이《샤오핑궈》의 뮤직비디오를 만들어 유명해지기 시작했고 각종 시상식에서 상을 받으면서 가벼우면서도 기억하기 쉬운 선율로 중국인들에게 사랑을 받으며 광장무 1등 곡으로 인기를 끌었다.

게임을 할 때 어른들이 즉흥적으로 집단 명절놀이인 사자춤(舞狮)••••••을 선보이는데, 올해 이 집안의 10명 정도 되는 식구들이 민속놀이의 밤(社火晚会)••••••에 참가합니다.

부모로서 가장 즐거운 일은 바로 가족들이 다 함께 모여 아이들을 화목한 가정환경에서 즐겁게 자랄 수 있도록 하는 것입니다.

아이들은 서로 돌봐주면서 자신도 모르게 가족의 정과 따뜻함을 이어나가고 있습니다.

이것은 쟈오충웨이 씨 가족의 24년 전 사진인데 이때 그는 한창 젊었습니다.

24년 뒤 이미 할아버지가 된 쟈오충웨이 씨는 많은 아들 손자들과 함께하는 행복을 누리고 있습니다.

이곳은 쟈오 집안이 원래 살던 곳인데, 지금은 높은 건물들이 지어지고 있습니다. 쟈오 집안 사람들은 조상들이 생활하던 곳을 떠났지만 농촌 대가족 집의 생활방식과 가족, 어른들간의 정은 여전히 간직하고 있습니다.

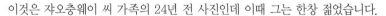

•••••• 舞狮(사자춤)
사자춤은 중국 민간 예술의 한 종류로, 중국에서는 이 사자춤으로 명절이나 중요한 모임을 축하한다. 사자마다 두 사람이 합동하여 연기하는데, 한 사람은 사자 머리, 한 사람은 사자 꼬리를 맡아 사자의 모습으로 분장하고 사자의 각종 모습과 동작을 흉내 낸다.

••••••• 社火晚会(민속놀이의 밤)
명절에 중국의 민간에서 열리는 대규모 오락 행사로 모여서 다같이 용춤, 사자춤 등을 추며 즐긴다.

1 此 이, 이것

가까운 사물을 가리키는 지시대명사로, 문어체에 주로 쓰인다.

> 焦家有供奉祖先的传统，他们对此十分重视。
>
> 이, 이것   ~에 대해 중시하다

▶ 许多人担心他的京剧生涯会就此结束，但周信芳并不灰心。
  많은 사람들이 그의 경극 생애가 이것으로 끝나는 것을 걱정했지만 저우신팡은 결코 낙심하지 않았다.

▶ 由此看来，采用成长型思考方式的人无疑会有更长远的发展。
  이것으로부터 성장형 사고방식을 채용하는 사람이 의심할 여지 없이 더 장기적으로 발전한다는 것을 알 수 있다.

2 동태조사 着

동사 뒤에 쓰여 동작이 발생한 후 그 상태가 지속되고 있음을 나타낸다. 연동문에서는 첫 번째 동사 뒤에 사용하며 부정은 '没'로 한다.

> 家谱记录着焦家的家世、家规、维系着家人之间的亲情，见证着……。
>
> 기록되어 있다   유지되고 있다   증명되고 있다

▶ 蜻蜓的眼睛又大又鼓，非常奇特，占据着头部的绝大部分。
  왕잠자리의 눈은 크고 튀어나와 있어 매우 독특하며 머리의 대부분을 차지하고 있다.

▶ 当时，这家航空公司内部也流传着公司将裁员的消息。
  당시 이 항공회사의 내부에도 회사가 인원을 감축하려 한다는 소식이 전해지고 있었다.

▶ 总裁微笑着回答道：“我准备卖掉公司的一架飞机。”
  회장은 웃으면서 대답했다. "저는 회사의 비행기 한 대를 팔려고 합니다."

▶ 我没带着书。   나는 책을 가지고 있지 않다.

无疑 wúyí 형 의심할 바 없다, 틀림없다 | **蜻蜓** qīngtíng 명 왕잠자리 | **鼓** gǔ 형 (부풀어 올라) 팽팽하다, 땡땡하다 | **奇特** qítè 형 기묘하다, 기괴하다 | **占据** zhànjù 동 점거하다, 차지하다 | **裁员** cáiyuán 동 감원하다

3 ▸ **轮流** 돌아가면서

차례를 지켜 하나하나 돌아가면서 한다는 뜻으로 부사로 많이 사용된다.

> 焦家老太太身体不太好，儿孙们就在身边轮流照顾。
> 돌아가면서

▸ 你休息会儿，我们轮流开。　당신 좀 쉬어요, 우리 돌아가면서 운전해요.
▸ 我们每周轮流打扫宿舍卫生。　우리는 매주 돌아가면서 기숙사를 청소한다.

4 **동사 중첩**

동사를 중첩하면 지속된 시간이 짧고 횟수가 적음 또는 시도의 느낌을 나타낸다. 또한
가볍게 어떤 일을 한다는 느낌을 나타내거나 문장 전체의 느낌을 부드럽게 해준다. 1음
절 동사의 중첩은 AA, A一A, A了A, A了一A이며, 2음절 동사의 중첩은 ABAB, AB
了AB, 이합사는 AAB, A一AB, A了AB로 한다.

> 过年时，男人们最开心的是……，谈谈国家大事，聊聊家长里短。
> 이야기를 좀 하다　잡담하다, 이야기하다

▸ 你再换一个角度想一想。　다른 각도에서 다시 한번 생각해봐요.
▸ 我考虑考虑以后再给你联系，好吗?　내가 생각 좀 해보고 너에게 다시 연락할게, 괜찮지?
▸ 他们俩通常在晚饭后出去散散步。　그들 둘은 보통 저녁 식사 후에 산책을 하러 간다.
▸ 他说，去看一看，顺便聊一聊天，就来了。
　그는 만나서 좀 보고 이야기도 잠시 하려고 겸사겸사 왔다고 했다.

卫生 wèishēng 명 위생 ┃ 角度 jiǎodù 명 각도 ┃ 通常 tōngcháng 명 통상, 보통

1 期间 vs 时候

期间 qījiān 명 기간	**时候** shíhou 명 시간, 기간
어떤 일을 하는 데 걸리는 시작부터 끝날 때까지의 시간의 단락을 말한다. 예 这是他大学期间做兼职模特时照的。 이것은 그가 대학기간 동안 모델 일을 겸할 때 찍은 사진이다. 예 她放假期间靠打工赚了学费。 그녀는 방학 동안에 아르바이트를 해서 학비를 벌었다.	어떤 일을 하는 시점을 가리킨다. 예 我昨天买充电器的时候没注意看型号。 나는 어제 충전기를 살 때 모델을 확인하지 않았다. 예 当闹钟响的时候，我已经穿好衣服了。 알람이 울릴 때, 나는 이미 옷을 다 입었었다.
차이점	
搭配	留学(유학)…, 放假(방학)…

搭配
在…的时候(~할 때), 当…的时候(~할 때)

2 尊敬 vs 尊重

尊敬 zūnjìng 명 동 존경(하다)	**尊重** zūnzhòng 동 존중하다, 중시하다 형 점잖다
존중하면서도 공경스러운 태도로 대하다라는 의미를 나타내며 주로 그 대상은 손윗사람이다. 예 人们非常尊敬这位德高望重的老人。 사람들은 덕망이 높은 이 노인을 존경한다.	존중한다는 뜻으로 그 대상은 추상적 사물이나 동년배, 윗사람, 아랫사람 등 모두에게 다 사용할 수 있다. 예 父母应尊重孩子的个人空间。 부모는 아이의 개인 공간을 존중해줘야 한다.
차이점	
搭配	…老人(노인), …上级(상사), …领导(지도자)

搭配
…意见(의견), …风俗习惯(풍속 습관), …历史(역사), …选择(선택), …事实(사실)

兼职 jiānzhí 동 겸직하다 | 模特 mótè 명 모델 | 充电器 chōngdiànqì 명 충전기 | 型号 xínghào 명 사이즈, 모델 |
德高望重 dégāowàngzhòng 덕성이 높고 명망이 크다

③ 保留 VS 保存

	保留 bǎoliú 동 보존하다, 보류하다	保存 bǎocún 동 보존하다
차이점	옛 모습을 지킨다는 뜻과 의견을 보류한다는 뜻을 가지고 있다. ⑩ 后来这个传统就被保留下来。 후에 이 전통은 보존되어 왔다. ⑩ 你的建议现在保留，以后再讨论。 당신의 건의는 지금 보류해 두었다가 나중에 다시 토론합시다.	손상이 가지 않게 보존한다는 의미를 나타낸다. ⑩ 这幅字画保存在国家博物馆。 이 서화는 국가박물관에 보존되어 있다. ⑩ 许多方言里仍然保存了部分古语。 여러 방언 안에는 여전히 일부 고어들이 보존되어 있다.

④ 方式 VS 形式

	方式 fāngshì 명 방식, 방법	形式 xíngshì 명 형식, 형태
차이점	말하거나 일할 때 채택하는 방법과 형식 등을 말한다. ⑩ 象棋是很多人都喜欢的一种娱乐方式。 장기는 많은 사람들이 좋아하는 오락 방식 중 하나이다. ⑩ 现代人生活方式发生了极大的改变。 현대인의 생활 방식에 엄청난 변화가 생겼다.	사물의 형상과 구조, 방식을 말한다. ⑩ "宜居带"既不太热也不太冷，水能以液态的形式存在。 '생명 거주 가능 행성'은 덥지도 않고 춥지도 않으며, 수력에너지가 액체 상태의 형식으로 존재한다. ⑩ 网上直播的形式包括文字直播、视频音频直播等等。 인터넷 생중계 형식은 문자 생중계, 동영상 및 음성 생중계 등등을 포함한다.
搭配	生活(생활)…, 说话(말하는)…, 经营(경영)…, 讨论的(토론하는)…	组织(조직)…, 艺术(예술)…, …主义(주의), …多样(다양하다)

仍然 réngrán 부 변함 없이, 여전히 | 象棋 xiàngqí 명 중국 장기 | 娱乐 yúlè 명 오락, 즐거움 | 宜居带 yíjūdài 생명 거주 가능 행성 | 直播 zhíbō 명 동 매체 생방송(하다) | 视频 shìpín 명 동영상 | 音频 yīnpín 명 가청 주파수

중국의 가정

　모든 가정은 비록 작지만 사회의 중요한 구성 부분입니다. 중국 사회의 이미 또는 발생되고 있는 극심한 변화에 따라 중국의 가족구조에도 변화가 일어나고 있습니다.

　할아버지와 손자 4대가 함께 생활하는 가족구조는 일찍이 중국에서 가장 보편적인 전통적 가족구조였는데, 이는 중국인들이 가족과 혈연관계를 매우 중시하고 '아들을 키워 노년을 대비한다'는 가족 관념이 강했기 때문입니다. 또한 생산력이 비교적 낮은 시대에 대가족의 구성원들이 함께 살면서 서로 돕고 서로 지지해주는 것이 편리했기 때문입니다. 현대화 사회에 들어와서 사람들의 생활수준은 대폭 향상되었고 가족 관념에도 비교적 큰 변화가 일어나, 4대가 함께 사는 전통적인 대가족은 점차 붕괴되었습니다.

　중국은 지금도 여전히 인구대국입니다. 넓은 인구 저변과 인구의 빠른 증가는 열악한 주거 조건, 취업난, 자원 부족 등의 문제를 초래하였습니다. 그래서 중국은 산아제한 정책을 점차 기본 국책으로 정하게 되었고, 이로 인해 세 식구, 즉 아빠, 엄마, 아이 하나로 구성된 가정이 많이 생겨났습니다. 산아제한 정책은 인구증가 속도를 효과적으로 통제하였으나 인구 노령화, 성비 불균형, 노동력 부족, 외동자녀의 부담 등의 문제를 초래하였습니다.

　이러한 어려움을 해결하기 위해 산아제한 정책이 점차 완화되어 새로운 정책이 잇달아 실시되었습니다. 2016년 1월 1일부터 모든 부부는 두 아이를 키울 수 있고, 중국의 일부 가정은 세 식구에서 네 식구로 변화하게 되었습니다. 이 밖에 최근 몇 년간 1인 가구와 부부만 사는 딩크족 가구 및 노인 혼자 사는 독거가구 등의 가정 형식 역시 계속 생겨나고 있습니다.

　현재는 2인 가구와 3인 가구가 기본적이며, 2대로 구성된 핵가족이 60% 이상을 차지하고 있습니다. 4대가 함께 생활하는 가구에서 3인 가구로, 다시 4인 가구, 딩크족 가구, 1인 가구까지 중국의 가정 형식은 소형화되고 있고 유형은 더 다양해지고 있습니다.

중국문화 생생링크

중국인들은 친족 호칭이 분명하며 서열관계가 뚜렷합니다. 다음 QR코드를 스캔하여 영화 《祖宗十九代(선조 19대)》의 주제곡 《辈分歌(항렬가)》를 들어보고 전통적인 중국의 대가족은 손윗사람과 친척들을 어떻게 호칭하는지 알아보세요.

《辈分歌》

작사: 吴颂今, 赵英君　　　작곡: 冯聪
노래: 郭德纲, 岳云鹏, 郭麒麟, 张云雷

가사

爸爸的爸爸叫爷爷	아빠의 아빠는 할아버지라고 불러
爸爸的妈妈叫奶奶	아빠의 엄마는 할머니라고 불러
爷爷奶奶身体健康	할아버지와 할머니는 건강하셔
长命百岁福如东海	동해처럼 오래오래 사세요
妈妈的爸爸叫姥爷	엄마의 아빠는 외할아버지라고 불러
妈妈的妈妈叫姥姥	엄마의 엄마는 외할머니라고 불러
姥姥姥爷顺心顺意	외할머니와 외할아버지는 뜻하신 대로
寿比南山恭喜发财	오래오래 사시며 부자 되세요
弟弟的爸爸是爸爸	남동생의 아빠는 아빠
外甥的爸爸是师父	외조카의 아버지는 사부
家有一老如一宝	집안의 노인 한 분 보배와 같으니
多跟"祖宗"学学瞧瞧	조상님 따라 배우자
走在街上喜气洋洋	거리를 걸으니 기쁨이 넘치고
笑弯了眼睛像吃蜜糖	눈을 구부려 웃으니 꿀을 먹은 것 같네
一天一天一年一年	하루하루 한 해 한 해
又是新一春祝吉祥	또 다시 새 봄을 맞아 복을 기원하네
爷爷抱奶奶笑	할아버지는 안고 할머니는 웃고
叔叔婶婶来报道	삼촌 숙모가 오셔서 말씀하시네
弟弟叫妹妹闹	남동생이 부르고 여동생이 떠들고
嘻嘻哈哈乐逍遥	하하호호 즐겁고 자유롭네

– 이하 생략 –

중국 정월 초하루 풍습

중국에서 정월 초하루는 새로운 해를 맞이하고, 여러 신이나 조상들에게 제사를 지내 한 해의 안녕을 기원하는 날입니다. 아침 일찍 문을 열어야 길하다고 생각하며 폭죽을 터뜨려 새해를 맞이합니다. 폭죽소리가 있은 후 폭죽의 빨간 파편들이 여기저기 떨어지는데, 이것을 중국어로 '滿堂红'이라 합니다. 정월 초하

루에는 잿밥(채식)을 하는 습관이 있으며 사람들은 일찍 일어나 가장 예쁜 옷을 입고 친척들과 친구들에게 새해인사를 하는 풍습을 가지고 있습니다.

① 拜岁 : '拜岁'는 '拜祭岁神'을 줄인 말로 '岁神'에게 제사를 지낸다는 뜻인데, 즉 조상에게 제사를 드리고 세배하는 것을 말합니다. 역사적으로 가장 오래된 춘제 전통풍습으로 이 풍습은 현재 광둥, 특히 우촨(吴川) 일대에서 성행하고 있습니다.

② 开门炮仗 : '문을 열고 폭죽을 터트린다'는 뜻으로 폭죽소리로 묵은 해를 보내고 새해를 맞이하는 것을 가리킵니다. 최근 대기오염 및 소음으로 중국 정부에서 폭죽 터뜨리는 행위 자체에 제한을 가하고는 있지만 농촌에서는 여전히 이 풍습이 행해지고 있습니다.

③ 斋日 : 아침 일찍 태세신(太岁神)에게 제사를 드리는 것을 말합니다. 이때 밥은 반드시 잿밥으로 해야 하는데 녹말로 만든 당면, 두부, 버섯 등으로 음식을 만들어 먹습니다. 아침은 반드시 일찍 먹어야 하는데 그래야 오후에 고기나 생선을 먹을 수 있기 때문이라고 합니다. 태세신은 전설 속에 존재하는 신으로, 옛날에는 땅에 있는 태세신이 하늘의 목성(太岁)과 상응하여 움직인다고 생각하였는데, 점술가들은 이 방향이 나쁜 방향이라 생각하여 태세신의 방위로 흙을 파고 나무를 잘라 건축 공사하는 것을 금기로 삼는다고 전해집니다.

UNIT
12
记忆中的年
기억 속의 설날

📋 **학습 내용**

- 아이들에게 있어 설날은 새 옷, 세뱃돈, 맛있는 음식과 재미있는 것을 의미하고, 어른 들에게 있어서 설날은 한 가족이 함께하고 즐거운 것을 의미한다.

✏️ **학습 목표**

- 중국의 가장 큰 명절인 춘제를 중국인들은 어떻게 보내며 어떤 문화가 있는지 알아보 도록 합니다. 또한 시대의 변화에 따라 달라지고 있는 세뱃돈을 주는 방식에 대해서 도 살펴보도록 합니다.

기억 속의 설날

어렸을 때 저는 분명 이 세상에서 설날을 가장 손꼽아 기다리던 아이 중 한 명이었습니다. 설날은 겨울방학을 해서 집에 간다는 뜻이자 비교적 오랫동안의 '자유'를 가진다는 것을 의미하기 때문입니다.

지금까지 저는 판좡에서 세 번만 설을 보내지 않았고, 매번 판좡에서 설을 보내는 광경을 더없이 그리워합니다. 몇 년 동안 저는 카메라를 이용해 판좡에서 설을 보내는 장면을 기록했는데, 기억의 파편들을 모아 제 기억 속의 판좡에서 설을 보내는 그 즐거운 분위기들을 다시 맞춰보기 위해서입니다.

음력* 섣달 25일, 형 중링이 설을 보내고 감자 심을 준비를 하기 위해 설 쇠기 전에 땅을 갈아 엎고 있습니다. 농사에 있어서 설은 휴식을 뜻합니다. 설을 쇠고 난 후 밭일을 시작하면 설 역시 끝납니다.

섣달 26일 오후, 저는 왕쓰와 함께 차를 타고 판좡에 설을 보내러 갔습니다. 할아버지 할머니는 우리가 언제 집에 온다는 것을 알면서도, 우리를 보고 하시는 첫 마디는 역시 "아이고, 너희 왜 왔어?"입니다. 저희 설 보내러 집에 왔죠!

차에서 내릴 때, 우리는 마을에 벌써 가로등이 설치됐다는 것에 매우 놀랐습니다. 왕쓰는 트렁크를 들고 성큼성큼 앞으로 가면서 뒤에서 걸어오고 있는 나에게 "많이 변했어, 못 알아보겠네!"라고 소리쳤습니다.

섣달 27일, 진(鎭)에서 올해 마지막 장인 설 시장이 열립니다. 이 설 시장은 일 년 중 규모가 가장 크고 가장 붐비는 장입니다. 모두 아침 일찍 일어나 시장에 와서 한 바퀴 구경하길 원합니다. 14~15살의 조금 큰 아이들은 무리 지어서 가길 좋아하고, 조금 어린 아이들은 부모님을 따라 같이 갑니다. 이때 아이들이 만약 어

---

* 农历 (음력)
음력은 중국 전통의 역법(曆法)으로 농업 생산과 연관이 있다. 중국의 전통 명절은 일반적으로 음력 날짜를 기준으로 하는데, 예를 들어 단오절(음력 5월 5일), 추석(음력 8월 15일) 등이 있다.

른들에게 자신이 좋아하는 물건을 사달라고 요구하면 보통은 다 사주곤 합니다.

생선은 판좡에서 설을 쇨 때 반드시 준비해야 하는 식재료로, 제사를 올리는 상에는 반드시 있어야 하는데 '年年有余**'라는 이 성어가 모든 것을 말해줍니다. 섣달 28일, 할머니는 설 쇨 때 먹을 생선을 손질해놓고 도마에 말려둡니다.

섣달 29일, 섣달 그믐날 하루 전, 할아버지와 할머니가 집을 청소하면서 설 보낼 준비를 하십니다. 벽에 붙어있는 영화와 TV 속 연예인의 달력과 세화(年画)***는 이미 30여 년이나 되었습니다. 상장은 제가 초등학교 때 받은 '명예'로 역시 10년이 넘게 붙어있습니다.

섣달 그믐날 오후, 마을주민 꾸청쥔과 설을 쇠러 온 큰 아들이 함께 거실에서 교자만두를 빚고 있고, 그의 아내는 주방에서 저녁 제사상 차림을 준비하고 있습니다.

섣달 그믐날 저녁, 겁이 많은 왕즈지아가 문 뒤에 숨어 사촌 형이 마당에서 폭죽 터트리는 것을 보고 있습니다.

섣달 그믐날 밤, 아내와 아들, 며느리가 교자만두를 빚고 있을 때 리우 할아버지는 중앙방송국(CCTV)에서 방영하는 춘제연합만회(春节联欢晚会)****를 열심히 보고 계시고, 할아버지의 두 손자

** 年年有余 (해마다 풍요를 바라다)
중국 전통의 복을 기원하는 덕담으로 '鱼(yú)'와 '余(yú)'가 발음이 같아, 설을 보낼 때 사람들은 생선을 먹으며 새해의 삶이 풍족하고, 더 많은 양식과 재산이 있기를 바라는 아름다운 바람을 표현한 것이다.

*** 年画 (세화)
설날 실내에 붙이는 그림을 가리킨다. 서기 전부터 집안으로 들어오는 악귀를 쫓기 위해 문신을 대문에 그려 붙이던 주술적 관습이 6세기 경 정초의 연례행사로 정착되면서 유래되었다. 명대(明代)와 청대(清代)를 거치면서 세화(年画)로 크게 유행하였다.

**** 春节联欢晚会 (춘제연합만회)
춘제연합만회는 중국 CCTV에서 매년 음력 그믐날 밤에 새해맞이를 축하하기 위해 방영하는 종합 예능 프로그램이다. 프로그램 시간은 섣달 그믐날인 저녁 8시부터 한밤중까지 방영되는데 대략 4~5시간 정도 방영한다.

는 침대에 엎드려 영화를 보고 있습니다. 리우 할아버지의 두 아들은 모두 도시에서 살고 있고 평소에는 할아버지와 할머니가 손자 한 명을 데리고 판쾅에서 살고 계십니다. 아이들이 집에 돌아왔을 때 집이 좁은 문제를 해결하기 위해 리우 할아버지는 평소에는 밥도 하고 사람이 지낼 수 있도록 이 10여 m²가 되는 주방을 새로 지었습니다. 할아버지의 둘째 아들이 50인치 액정 TV를 사서 거실에 두자 예전 컬러 TV는 주방에 두었습니다.

새벽이 되자 판쾅촌이 다시 시끌벅적해지기 시작합니다. 모든 집은 서둘러 터뜨리는 폭죽 소리에 잠겨 있습니다. 판쾅에는 300여 가구만이 살고 있어 불꽃놀이는 흔히 볼 수 있는 것은 아니어서, 마당에서 불꽃놀이를 하는 집이 있으면 근처에 사는 사람들은 다 볼 수 있습니다.

음력 정월 초하루의 판쾅은 이웃집으로 세배를 다니는 사람들로 가득합니다. 사람들은 일찍 일어나 마당에 여기저기 떨어진 폭죽 잔해를 치우고, 집에 의자를 놓고 장에서 사온 사탕과 해바라기 씨를 놓으며 손님을 맞이 하기 위해 대문도 열어둡니다.

초하루 오전, 노인들은 집에서 손님들이 인사 오기를 기다리고, 젊은 사람들은 세배를 하러 나갑니다. 세배를 하는 사람들은 대부분 무리를 지어 다닙니다. 남자, 여자, 어린이 모두 각자의 팀이 있는데, 한 무리의 친척들 아니면 한 무리의 친구들입니다. 특히 외지에서 고향으로 돌아온 사람들은 같이 다니면서 옛일을 이야기합니다. 세배를 드리러 가는 사람들은 골목에서 서로 마주치면 인사를 합니다.

인사를 온 마을사람들을 보내고 나서 쩐란 할머니는 서둘러 상을 닦으며 다음 손님들을 맞이할 준비를 합니다.

판좡에서는 정월 초하루가 지나면 친척집을 방문하기 바쁩니다.

음력 정월 초이튿날, 쉬모 할아버지는 다른 마을주민과 길가에 앉아 한담을 나누고 계십니다. 판좡의 친척집을 방문하려고 온 빨간색 소형자동차가 그들 뒤에 주차되어 있고, 자동차 주인은 지금 환대를 받고 있습니다.

설날에는 한가하면서도 바쁜데, 한가한 것은 밭일이 없다는 것이고 바쁘다는 것은 친척집을 방문한다는 것입니다.

음력 정월 초사흘날 마을의 한 주민이 도시에서 친척을 방문하러 온 손님에게 배추 세 포대를 줍니다. 판좡 주민들은 항상 친척을 방문하러 온 손님에게 무언가를 답례하려고 하거나 혹은 선물의 일부를 손님에게 가져가라고 합니다. 그래서 설날 이후의 판좡은 항상 마을주민과 떠나려고 하는 친척이 문 앞에서 서로 '밀치락달치락'하는 모습을 볼 수 있습니다. 주인은 반드시 주려고 하고 떠나는 친척은 선물을 안 받으려 하는 것입니다.

정월 초닷샛날, 초엿샛날이 되면 친척집을 방문하는 일은 거의 끝나가고 사람들은 친구의 집을 방문하기 시작합니다. 매번 이때가 되면 우리 할아버지와 할머니는 술상을 한가득 준비하여 아버지와 저에게 이웃을 집에 오게 하라고 하십니다. 우리가 평소에 곁에 있지 않아 노년의 할아버지 할머니가 이웃에게 항상 신세를 지기 때문입니다.

저녁에 이웃들이 떠날 때쯤, 우리의 작별 인사말 뒤에는 항상 강아지들의 짖는 소리가 따라오는데, 폭죽 소리에 깜짝 놀랐던 것이 이제 진정이 된 것입니다.

저는 알고 있습니다. 설이 이미 다 끝났다는 것을요.

1 **就算…** 설령 ～이라도

접속사로, '就算' 뒤에는 아직 발생하지 않은 가정의 상황을 써서 일단은 이러한 사실을 인정하고 받아들임을 나타낸다. 후행절에는 종종 '也'를 써서 전환관계를 나타낸다.

就算他们知道我们会在哪一刻走进家门，……第一句话也是"……? "

설령 ～이라도　　　　어떤 순간, 어느 시간

▶ 就算你做得再好，也会有人指指点点。
설령 당신이 아무리 잘해도 지적하는 사람은 있을 것이다.

▶ 就算再痛苦，只要活着，一定会有好事。
설령 아무리 힘들다 해도 살아만 있다면 분명 좋은 일이 있을 것이다.

2 **不是…就是…** ～이 아니면 ～이다

두 가지의 대립되거나 대조되는 상황 중 반드시 어떤 하나임을 나타낸다.

男人、女人、孩子都有各自的队伍，不是一帮近亲，就是一群好友。

～이 아니면 ～이다

▶ 这天气不是刮风，就是下雨。
이 날씨는 바람이 불거나 아니면 비가 온다.

▶ 我看他现在肯定不是在踢足球，就是在打篮球。
내가 보기에 그는 지금 분명 축구를 하고 있거나 아니면 농구를 하고 있을 것이다.

指指点点 zhǐzhidiǎndiǎn 동 비난하다, 지적하다, 흠집을 잡다 | **痛苦** tòngkǔ 형 고통스럽다, 괴롭다 | **活着** huózhe 살아 있다

3 **或者** 혹은, ~아니면

접속사로, 두 개 이상의 선택이 주어지는 상황이나 조건 서술문을 설명할 때 쓰인다.

> ……总要给来走亲戚的客人回赠点儿什么、或者请客人带回部分礼品。
>
> ~에게 보답으로 주다, 선물하다　　혹은, ~아니면　선물을 가지고 돌아가다

▶ 中国人很少向茶中加入牛奶或者糖。
　중국사람들은 차에 우유나 설탕을 거의 넣지 않는다.

▶ 夏季要特别注意保护皮肤，出门时最好带上伞，或者戴上帽子。
　여름에는 피부 보호에 특히 주의해야 하는데, 외출할 때는 우산을 가져가거나 혹은 모자를 쓰는 것이 가장 좋다.

4 **정도보어 得**

동사서술어나 형용사서술어 뒤에 쓰여, 발생한 혹은 발생 중인 동작이나 상태에 대해 평가하거나 묘사하는 성분을 말한다. '得' 뒤에 오는 보어 성분은 형용사, 형용사구, 형용사 중첩형식이 올 수 있다.

> 等到正月初五、初六，亲戚都走动得差不多了，人们开始走访朋友。
>
> 대충되다, 그럭저럭 되다

▶ 昨晚的风刮得确实挺大的。
　어제 저녁에 바람이 정말로 많이 불었다.

▶ 她的汉语说得很流利，真让人羡慕。
　그녀의 중국어는 매우 유창하여 사람들로 하여금 부럽게 만든다.

保护 bǎohù 명·동 보호(하다)　|　**确实** quèshí 부 확실히, 정말로　|　**羡慕** xiànmù 동 부러워하다, 흠모하다

1 情景 vs 景象

	情景 qíngjǐng 명 광경, 장면	**景象** jǐngxiàng 명 광경, 상황
차이점	어떠한 광경뿐만 아니라 구체적인 시간, 장소 등의 조건 아래 출현하는 사건 혹은 현상을 가리킨다. 예 她被眼前的情景吓坏了。 그녀는 눈앞의 광경에 매우 놀랐다.	대자연의 광경이나 공장, 농촌, 집단, 사회 등 비교적 규모가 큰 장면에 나타나는 현상을 가리킨다. 예 田野里到处是一片丰收景象。 들판 곳곳이 모두 풍성한 수확을 거두어 들이는 광경이다.

2 记 vs 记忆

	记 jì 동 기억하다, 외우다	**记忆** jìyì 동 기억하다 명 기억
공통점	모두 어떤 일에 대한 인상이 머릿속에 남아서 잊혀지지 않거나 생각이 난다는 뜻으로 가끔은 서로 바꾸어 사용할 수 있다. 예 他记/记忆单词的能力很强。　그는 단어를 기억하는 능력이 매우 좋다.	
차이점	① 구어에서 많이 사용하고, 구체적인 물건 등을 기억 활동을 통해서 기억 속에 남겨놓는 행위에 많이 쓰인다. 예 语言是用来交流的，只记字典、词典里的字、词是不够的。 언어는 교류에 사용되는 것으로 자전과 사전 안의 글자와 단어만을 외우는 것으로는 충분하지 않다.	① 문어에서 많이 사용하고, 어떤 인상을 머릿속에 남긴다는 일종의 가능성이 있는 행위를 나타낸다. 예 人为何能记忆往事? 사람은 왜 예전 일을 기억할까?
	② 뒤에 보어와 '了', '着', '过'를 자유롭게 사용할 수 있다. 예 记着(외우고 있다), 记过(외운 적이 있다), 记不住(기억하지 못하다), 记错(잘못 기억하고 있다)	② 뒤에 보어나 '着', '过'를 쓰지 않는다.
	③ '기록하다'는 의미도 가지고 있다 예 你把这些内容记下来。 너는 이 내용들을 기록해라.	③ 머릿속에 남겨놓은 사물의 인상으로 '기억'이라는 명사 용법으로 많이 사용한다. 예 美好的(아름다운)…, 失去了(잃어버리다)…, 儿时的(어릴 적)…

吓坏 xiàhuài 동 깜짝 놀라다 ｜ **田野** tiányě 명 들판, 들 ｜ **到处** dàochù 명 도처, 곳곳 ｜ **丰收** fēngshōu 명 풍작 ｜ **为何** wèihé 왜, 무엇 때문에 ｜ **往事** wǎngshì 명 지난 일, 옛일

❸ 知道 vs 认识

	知道 zhīdào 동 알다	认识 rènshi 동 알다, 인식하다
차이점	어떤 대상이나 장소, 물건, 사람을 안다는 뜻으로 사용된다. 대상이 사람일 경우에는 이름 정도만 아는 것을 말한다. 예 我不知道您是否有时间。 나는 당신이 시간이 있는지 없는지 모른다. 예 我知道这个人，但是从来没见过他。 나는 이 사람을 알긴 하는데 여태껏 만난 적은 없어요.	글자(字), 길(路), 사람(人) 등을 안다는 뜻이며, 대상이 사람일 경우 서로 안면이 있을 정도로 알고 있음을 의미한다. 예 我不认识这个字。 나는 이 글자를 모른다. 예 我只知道他的名字，不认识他。 나는 그의 이름만 알고 잘 알지는 못해요. (그와 안면은 없어요.)

❹ 群 vs 伙

	群 qún 양 동물이나 사람의 무리	伙 huǒ 양 무리, 패거리
차이점	함께 모여 있거나 무리를 이룬 사람 또는 동물을 가리키는 단어이다. 수량을 강조하며, 운집하여 무리를 이루고 있는 것을 세는 단위이다. 예 这一大群上班族都去吃饭，饭馆会很挤的。 이 많은 무리의 직장인들은 모두 밥을 먹으러 가는 것이어서 식당은 매우 붐빌 것이다. 예 这群年轻人具有旺盛的生命力。 이 한 무리의 젊은이들은 왕성한 생명력을 지녔다.	무리를 이룬 사람에게 사용된다. 예 你是不是和这小偷是一伙的? 당신 이 소매치기랑 같은 패거리 아냐? 예 这伙歹徒真是胆大妄为，竟然抢劫银行。 이 강도떼는 정말 겁 없이 함부로 날뛰더니 결국은 은행을 털었다.
搭配	一…学生(학생), 一…狼(늑대)	一…强盗(강도), 一…小偷(소매치기), 一…流氓(불량배)

是否 shìfǒu 부 ~인지 아닌지 ∣ 旺盛 wàngshèng 형 (기운이나 세력이) 왕성하다, (생명력이) 강하다 ∣ 小偷 xiǎotōu 명 도둑 ∣ 歹徒 dǎitú 명 악인, 악당 ∣ 胆大妄为 dǎndà wàngwéi 성 겁 없이 함부로 행동하다, 함부로 날뛰다 ∣ 竟然 jìngrán 부 결국, 마침내 ∣ 抢劫 qiǎngjié 동 (재물을) 약탈하다, 빼앗다

"돈 많이 버시고 세뱃돈 주세요!"

"恭喜发财, 红包拿来! (돈 많이 버시고 세뱃돈 주세요!)"라는 말은 중국사람들이 설을 쇨 때 유머러스하게 자주 하는 덕담입니다. 위안화 신권을 '红包(홍빠오, 빨간 봉투)'에 넣어 세뱃돈으로 아랫사람에게 주는 것은 중국사람들이 설을 축하하는 전통적인 풍습입니다. 붉은색은 활력, 즐거움, 행운을 상징하고, 홍빠오에 담겨있는 것은 아랫사람들에 대한 윗사람들의 아름다운 축복입니다. '세뱃돈(压岁 yāsuì)'과 '귀신을 누르다(压祟 yāsuì)'는 발음이 같기 때문에 세뱃돈을 주는 것은 귀신을 물리치고 평안무사하는 것을 의미합니다.

집집마다 새해 인사를 하는 것은 많은 사람들의 어린 시절의 기억입니다. 그리고 아이들이 가장 기대하는 것은 아마 홍빠오만한 것이 없을 것입니다. 최근 인터넷의 발달에 따라 사람들이 설을 축하하는 형식에도 변화가 생겼는데, 홍빠오 역시 '디지털 시대'에 진입하였습니다. 설을 쇠는 기간에 위챗, QQ, 알리페이 등으로 홍빠오를 주는 것은 이미 많은 중국사람들이 친척, 친구들과 기쁨을 나누는 새로운 방식이 되었습니다.

그러나 전자 홍빠오에 대한 사람들의 태도는 각기 다릅니다. 어떤 사람들은 위챗이 홍빠오를 동시에 여러 사람들에게 나눠주는데 어플리케이션이 모든 사람에게 얼마를 '빼앗을지' 결정하여 마치 오락과 같다고 합니다. 그들은 이러한 방식을 사용해서 명절을 축복하는 것이 전통의 홍빠오보다 훨씬 더 편리하다고 합니다. 또 어떤 사람들은 오히려 전자 홍빠오를 보내고 받는 것이 많은 젊은이들로 하여금 가족들과 교류를 잘 할 수 없게 만드는 것은 물론 교자만두를 빚고, 춘제연합만회 등도 같이 보지 못하게 한다고 생각합니다.

갈수록 유행하는 전자 홍빠오이든 아니면 전통적인 홍빠오이든 상관없이 홍빠오는 설날 모두에게 가장 인기 있는 선물입니다. 설을 보내는 방식이 시대와 더불어 발전하지만, 온집안이 함께 모이고, 행복을 기원하는 것은 중국사람들이 설을 보내는 데 있어 영원히 변하지 않을 주제입니다.

영화 《舌尖上的新年(혀 끝의 새해)》은 시간을 거슬러 올라가 설날의 맛을 찾아간다는 이야기를 영화로 만든 것입니다. 아래 QR코드를 스캔하여 이 영화에 대해 알아보고 예고편을 감상해보세요.

영화 《舌尖上的新年》

영화 《舌尖上的新年(혀 끝의 새해)》은 천레이(陈磊) 감독, 리리홍(李立宏) 주연으로 2016년 1월 7일에 개봉한 영화입니다.

줄거리

중국의 드넓은 땅에서 즐기는 갖가지 신기한 설날 먹거리들과 영화 속 주인공들의 새해 이야기를 잘 엮어 동양의 문화와 풍속을 생생하게 잘 보여주는 영화입니다. 살아 숨쉬는 듯한 생생한 영상 언어로 중국 일부 민족의 생활사와 문화를 잘 보여주어 관객들에게 오래된 풍습과 새해의 풍경을 맛보게 합니다.

평점

《혀 끝의 새해》는 대형 스크린으로 관람해야 하는 미식 영화입니다. 영화 속 사용된 카메라는 모두 최신 기자재로 4K 해상도와 초고화질(UHD)을 자랑하여, 사람의 눈으로는 볼 수 없었던 미식의 순간순간의 변화까지도 볼 수 있습니다. 지금껏 영화계에 전례가 없던 미식 영화로 여러 미식가들의 시각적 상상을 초월할 것입니다.　　　　　　　　　(출처: 凤凰网评)

관객들의 호평을 받은 《혀 끝의 새해》는 현장에 있던 관객들의 입맛을 충분히 자극하여 감탄사를 연발하게 했습니다. 현장의 관객들은 영화 관람 후 바로 중국 전역을 여행하며 영화 속에 등장했던 음식을 먹어보고 싶은 충동을 느꼈다고 평했습니다. 이 영화는 관객들을 맛있는 음식으로 유혹했을 뿐 아니라 음식 뒤에 감춰진 정(情)까지 움직여 한 관객은 '모든 향수(乡愁)는 바로 식욕 때문이었다'고 평하기도 했습니다.　　　　　　(출처: 网易娱乐评)

달라진 중국의 설

중국에서는 설에 온 가족이 함께 모여 만두를 빚고 '年夜饭(섣달그믐날 저녁에 온 식구가 모여서 함께 먹는 음식)'을 먹으며, 자지 않고 밤을 새워 새해를 맞이합니다. 또한 새해 인사를 다니면서 어른들에게 '压岁钱(세뱃돈)'을 받습니다.

그러나 시대가 발전하면서 중국의 춘제, 즉 설 풍속 또한 바뀌고 있습니다. '年夜饭'은 간단하게 외식으로, 세뱃돈은 휴대전화를 이용해 위챗이나 알리페이로 보내고, 친척이나 이웃을 방문하여 직접 세배하던 것은 전화나 간단한 문자메시지로 대신하게 되었습니다.

그리고 시골의 노부모보다 도시의 자녀가 수입이 월등하게 많아지면서 윗사람이 아랫사람에게 주던 세뱃돈에서 자녀가 부모에게 용돈을 주는 것으로 바뀌고 있다고 합니다. 또한 세뱃돈을 두둑하게 챙기는 어린이가 늘면서 '压岁经济(세뱃돈 경제)'라는 신조어도 등장하였습니다.

산아제한 정책으로 한 자녀만 낳을 수 있었던 과거의 정책 탓에 도시에 살던 사람들이 고향으로 내려가던 것에서 오히려 노인들이 자녀를 위해 '逆向探亲(역귀성)'하여 함께 설을 보내거나, 우리나라처럼 신구세대 결혼관의 차이로 아예 고향에 가지 않거나 결혼을 재촉하는 부모님을 안심시키기 위해 '租友(애인 고용)'하여 귀성하는 젊은이들도 있다고 합니다.

또한 나쁜 기운을 물리치고 복을 기원하기 위해 폭죽을 터뜨리던 것은 소음과 스모그 현상을 가중시킨다는 이유로 인해 설전을 벌이는 중이기도 합니다.

2019년 중국의 설 트랜드를 보면 연휴를 이용하여 관광을 즐기는 중국인들이 2018년 동기 대비 13.8%로 증가하였고 해외 관광규모는 전년 동기 7% 늘어났다고 합니다.(출처: 바이두) 또한 영화관에서 영화를 보고 외식을 하며 온라인 쇼핑을 즐기며 설 연휴를 보내는 경우도 점차 늘고 있다고 합니다.

MEMO